DANISH KINGS AND THE JOMSVIKINGS IN THE GREATEST SAGA OF ÓLÁFR TRYGGVASON

BY
ÓLAFUR HALLDÓRSSON

VIKING SOCIETY FOR NORTHERN RESEARCH
UNIVERSITY COLLEGE LONDON
2000

© 2000 Ólafur Halldórsson

ISBN:978 0903521 47 5

Reprinted 2016

The translation is by Anthony Faulkes

The cover illustration is of the great runestone at Jelling in Jutland, which dates from circa 980. According to the inscription it was raised by Haraldr Bluetooth in memory of his father Gormr and his mother Þyri.

Printed by Short Run Press Limited, Exeter

CONTENTS

PREFACE 4
TEXT 5
NOTES 34
SOURCES 85
THE COMPILER'S METHODS 92
MANUSCRIPTS 93
BIBLIOGRAPHY AND ABBREVIATIONS 94
INDEX OF NAMES 99

PREFACE

In *The Greatest Saga of Óláfr Tryggvason* (ÓlTr) it is told in chs 66–70 how the emperor Otto the Young (Otto III, 983–1002) took his army to Denmark, defeated King Haraldr Gormsson and introduced Christianity into the country. Before this account there are six chapters (chs 60–65) which tell of the kings of the Danes before the time of Haraldr Gormsson. These six chapters form a kind of preface to the section about the introduction of Christianity, and are in a different style and orginally derived from different sources. The material in chs 72, 84–86, 88 and 90 is a continuation of this section (chs 60–70) taken partly from *Heimskringla* and partly from a text which is ultimately derived from *Jómsvíkinga saga*. This material, chs 60–70 and the parts of chs 72, 84–86, 88 and 90 that are not derived from *Heimskringla*, is printed below. The text is taken from the writer's edition of ÓlTr, re-collated with the main manuscript of the saga, AM 61 fol. (A), and amended from other manuscripts where there are obvious errors in A. All such emendations are noted at the foot of the page and the manuscript readings in the footnotes are marked with the same sigla as in the edition in Editiones Arnamagnæanæ (Series A, vol. I, abbreviated ÓlTrEA I). The manuscripts are these:

A: AM 61 fol.
B: AM 53 fol.
C^1: AM 54 fol.
D^1: AM 62 fol.
D^2: GKS 1005 fol., Flateyjarbók.

The text is printed in normalised spelling, but in two respects the orthography of the manuscripts has been followed more closely than is customary: 'z' (rather than 'sk' or 'zk') is used for middle voice forms and 'i' is used universally in place of 'j'. Where the verb *gera* in the main manuscript is written with 'e' or the abbreviation for *er* in the first syllable, this spelling is retained, but 'ø' is printed where the verb is spelled with 'io' or 'ið'. The italicised figures at the beginning of each passage indicate the page and line numbers of the corresponding text in ÓlTrEA I. The figures in brackets in the text refer to the following numbered notes in which an attempt has been made to identify the compiler's sources and to indicate parallels in other works.

TEXT

117.1–132.8

CHAPTER 60

Svá er sagt at Arnúlfus hét maðr heilagr; hann var fyrst iarl á Saxlandi, en síðan erkibyskup í Mezborg. Hans son var Angíses hertogi á Frakklandi. Hann átti Begám Pippínsdóttur. Pippín hét son þeira, hans son Karl faðir 3 Pippíns Frakkakonungs, fǫður Karlamagnúss keisara. (1) Karlamagnús var konungr yfir Frakklandi fiǫgur ár ens fiórða tigar, en síðan var hann keisari tólf ár Rómveria. (2) Á hans dǫgum váru þeir stólkonungar at 6 Miklagarði Michael, Nicefórus ok Leó. (3) Karlamagnús konungr átti Hildigardén drottningu. (4) Þeira son var Hlǫðver. Hann tók ríki eptir fǫður sinn ok var keisari *siau ár ok tuttugu.[1] 9 Hann lék aldregi né hló. (5) Á þeim tíma er Karlamagnús var konungr, þá réð fyrir Iótlandi sá konungr er Godefrídus hét. Hann drap Hrœrek Frísahǫfðingia og skattgildi Frísi. 12 (6) Síðan fór Karlamagnús konungr með mikinn her í móti Godefrídó. Þá var Godefrídus drepinn af siálfs síns liði, (7) en Hemingr bróðurson hans tekinn til konungs. (8) Hemingr helt fram liðinu til móts við Karlamagnús 15 konung, þar til er þeir funduz við á þá er *Egdera[2] heitir. Þar sættuz þeir. (9) En Hemingr andaðiz vetri síðar. (10) Þá gerðuz konungar at Iótlandi *Sigfrøðr[3] frændi Godefrídi, en annarr 18 hét Hringr anulo. Þeir deilðu um ríkit ok drógu báðir her at sér. Um síðir áttu þeir mikla orrostu, ok lauk svá at hvártveggi[4] fell. Í þeiri orrostu fellu tíu þúsundir ok níu hundruð ok fiórir tigir manna. (11) Þá tók konungdóm 21 sá maðr er Haraldr hét. (12) Hann var fimm vetr konungr áðr hann barðiz við Reinfrídum, son Godefrídi. Í þeiri orrostu hét Haraldr því til sigrs sér, ef hann kœmiz ór orrostu þeiri, at[5] taka skírn með ǫllu skuldaliði sínu. 24 Í þeim bardaga fékk hann sigr ok fór litlu síðar með konu sína ok Hárek bróðurson sinn ok mikit Danalið til fundar við Hlǫðvé son Karlamagnúss er þá var keisari. Var Haraldr þá skírðr ok hans menn í Meginzuborg á 27 dǫgum Paschalis páfa.[6] Fór þá Haraldr aptr í Danmǫrk ok með honum

---

[1] *thus* BC[1], '.xxvíj. ár' A, 'xíj ár *ok* xx' D[1,2].
[2] *thus* BD[1]; Egða AC[1], 'egdrera'D[2].
[3] *thus* D[1]; 'Sigfôdr' A, 'Sigrodr' B, 'Sigraud' C[1], 'sigfrode' D[2].
[4] hvártveggi] + 'þeira' A.
[5] at] + 'h*ann* skylldi' A.
[6] páfa] + ens fyrsta með því nafni í postulegu sæti D[1,2].

Óláfs saga Trygvasonar

Ansgaríus byskup, ok skírði hann þar margt manna. (13) Haraldr varð sóttdauðr (14), en Hárekr frændi hans tók konungdóm ok réð fyrir Iótlandi, þar til er Guthormr bróðurson hans barðiz við hann. Þá var liðit frá holdgan várs herra Iesú Kristí *átta hundruð ára sextigir ok tvau ár.[7] Í þeiri sókn fellu þeir báðir ok allt konungakyn þat er með þeim var, útan sveinn einn lifði er Hárekr hét, ok varð sá konungr síðan. (15) Ansgaríus byskup fór þá enn í Danmǫrk til fundar við Hárek ok skírði hann. Hárekr lét gera kirkiu í Rípum, en Haraldr hafði áðr látit gera í Heiðabœ. (16) Ansgaríus byskup andaðiz þremr vetrum eptir bardaga þeira Háreks ok *Guthorms.[8] (17) Þá er sagt at Hárekr kastaði kristni ok dó litlu síðar. (18) Eptir þat váru konungar heiðnir, Sigfrøðr ok Hálfdan. (19) *Rimbertus[9] var byskup næstr eptir Ansgaríum. (20) Á tólfta ári hans byskupsdóms andaðiz Hlǫðver keisari, son Karlamagnúss. Hann átti fióra sonu er svá hétu: Lotharíus, Hlǫðver, Karl, Pippín. Þeir skiptu ríki með sér, svá at Lotharíus hafði Borgundíam ok Lothoringíam ok Rómaríki, en Hlǫðver hafði Frakkland ok keisaranafn, Karl Valland, Pippín Aquitaníam. (21)

Þá er Rimbertus hafði byskup verit tólf ár heriuðu Danir ok Norðmenn á land þat er Norðmenn kalla Kerlingaland, en á móti þeim gerði Hlǫðver enn ungi Hlǫðversson. Hann drap af hermǫnnum fiórtán[10] þúsundir. (22) En fimm vetrum síðar andaðiz Hlǫðver. (23) Á því ári leituðu Danir ok Norðmenn at hefnaz. Þeir fóru með miklu liði upp eptir Rín ok brenndu þar allar borgir ok kirkiur ok hǫfðu ena æztu kirkiu at hrossahúsi í borg þeirri er Aquisgranum heitir. Þeir brenndu Kólni ok allar borgir upp með Rín til Meginzu. (24) Þá gerði Karl bróðir Lotharíi lið móti þeim. Þeir funduz við á þá er Mosa heitir. (25) Í Danaliði váru þeir konungar Sigfrøðr ok Guðfrøðr ok synir Ragnars loðbrókar. Þeir sættuz við keisarann ok létu skíraz, en litlu síðar rufu þeir allt sáttmálit ok heriuðu vestr á Frakkland allt til Parísar en brenndu hana. Þá kom í mót þeim með mikinn her Arnaldus er þá var keisari ok drap af þeim níu hundruð manna. Eptir þat stǫðvaðiz Danaherr. Þá var liðit frá *higatburð[11] várs herra Iesú Kristí níu hundruð *vetra,[12] eða nær því. (26) En seytián vetrum síðar var Húnó

---

[7] thus C¹, '.dccc.lx.íj. ā́r' A, 'dccc ára .lx. ok íj. ár' B, 'dccc ok lx ara ok íj á' D¹, 'niu hundrud ok lx .ara ok eítt ár' D².
[8] thus BC¹, 'Goðorms' A, 'gvttorms' D¹, 'guthorms' D².
[9] Rimbertus, amended from Gesta Hammaburgensis; 'Rambertus' A, 'Rímbirtus' B, 'Runbrtus' (!) C¹, 'Rvnbertvs' D¹,².
[10] 'xíííj' A, 'xííj' B, 'þrettan' C¹, 'ííííj' D¹,².
[11] thus BC¹D², 'higat burði' A, 'hegat bvrd' D¹.
[12] thus BC¹D¹, 'ara' D², ÷ A.

byskup vígðr í Brimum á Saxlandi. (27) Á tólfta ári þaðan frá fór Heinrekr, er fyrstr var keisari með því nafni, til Danmerkr ok fœrði þá Dani til kristni, bæði með blíðmælum, ógnum ok orrostum, ok létti eigi fyrr en þeir hétu 3 at taka trú rétta. (28) Síðan fór Húnó byskup til fundar við Fróða konung er þá réð[13] Iótlandi ok skírði hann ok alþýðu. Þá váru gørvar upp kirkiur þær er eyðz hǫfðu í Heiðabœ ok í Rípum. Þá var ok gǫr kirkia í Árósi. 6 (29) Eptir þat sendi Fróði menn til Rómaborgar ok lét vígia þriá byskupa til Iótlands at ráði Agapíti páfa. Var Heredus byskup vígðr til Heiðabœiar, en Lívedagus til Rípa, en Rimbrondus til Áróss. Þat var níu hundruðum 9 fiórum tigum ok átta árum eptir holdgan várs herra *Iesú Kristí,[14] á tólfta ári konungdóms Ottónis ens mikla. (30)

Þar var fyrr frá horfit konungatali er þeir réðu fyrir Danmǫrk Sigfrøðr 12 ok Hálfdan. (31) Eptir þá réð *sá konungr fyrir Dǫnum[15] er Helgi hét. Hann átti bardaga við Óláf Svíakonung ok fell Helgi þar, en Óláfr réð lengi síðan fyrir Danmǫrk ok Svíþióð ok varð sóttdauðr. (32) Eptir hann 15 tóku ríki í Danmǫrk Gyrðr ok Knútr, en eptir þá Siggeirr. (33)

CHAPTER 61 (34)

Þá er Sigurðr hringr, faðir Ragnars loðbrókar, var konungr yfir Svíaveldi ok Danaveldi ok hann hafði friðat hvártveggia ríkit ok sett yfir skattkonunga 18 ok iarla, þá minntiz hann þess ríkis er Haraldr hilditǫnn, frændi hans, hafði átt í Englandi ok fyrir Haraldi[16] Ívarr enn víðfaðmi. (35) En þat ríki hǫfðu þá enskir konungar; hét sá Ingialdr er þá réð fyrir, ok er svá sagt at 21 hann væri bróðir *Vestrsaxa-konungs.[17] Ingialdr var ríkr konungr.

Hringr konungr bauð út leiðangri miklum af ríki sínu ok fór vestr til Englands. En er hann kom til Norðimbralands, beiddi hann sér viðtǫku. 24 Gekk þar þá undir hann margt fólk. En er Ingialdr konungr spurði þat, þá samnaði hann saman her miklum ok fór í mót Hringi konungi, ok áttu þeir saman nǫkkurar orrostur. En í síðustu fell Ingialdr konungr ok Ubbi son 27 hans ok mikill hluti liðs þeira. Eignaðiz þá Hringr konungr Norðimbraland ok allt þat ríki er átt hafði Ingialdr konungr. (36) En áðr Hringr konungr fœri liði sínu vestan af Englandi, setti hann skattkonung yfir Norðimbra- 30 land. Sá er nefndr Óláfr; hann var son Kinriks þess er sagt er at væri

---

[13] réð] + 'fyrir' A, + 'j' D².
[14] thus BC¹D¹,², ÷ A.
[15] thus BC¹D¹,², 'fyrir dǫnum sa konungr' A.
[16] thus C¹, 'har'' AB.
[17] thus BC¹, 'petrs saxa konungs' A. Different text in D.

bróðurson Móaldar digru, móður Ívars víðfaðma. Fór þá Hringr konungr aptr til ríkis síns.

Óláfr konungr réð lengi Norðimbralandi, *allt[18] þar til er son Ubba konungs kom til ríkis. Sá er nefndr Eava. Áttu þeir Óláfr margar orrostur, ok í enni síðustu flýði Óláfr konungr, en Eava lagði þá ríkit undir sik. Óláfr konungr fór þá til Svíþióðar á fund Hrings konungs. Setti Hringr konungr Óláf hǫfðingia yfir Iótland. Var Óláfr *þar lengi síðan[19] skattkonungr, fyrst Hrings konungs, en síðan Ragnars loðbrókar. Hann var kallaðr Óláfr enski. (37) Hans son var Grímr grái er konungdóm ok ríki tók eptir fǫður sinn. Grímr var faðir Auðúlfs ǫflga er skattkonungr var á Iótlandi Ragnars loðbrókar. Sonr Auðúlfs hét Gormr, er enn var skattkonungr á Iótlandi. Hann var kallaðr Gormr enn heimski. (38)

Gormr konungr átti marga þræla, en nǫkkurir af þrælum hans hǫfðu verit sendir til *Hollsetulands[20] at kaupa þar vín, ok fluttu þeir vínit á mǫrgum hestum. En er þeir fóru sunnan yfir skóg þann er Myrkviðr er kallaðr, tóku þeir sér náttból á skóginum. Logn var veðrs. Um nóttina er þrælarnir vǫkðu, heyrðu þeir barnsgrát í mǫrkina. En um morgininn er lýsa tók, fóru þrælarnir í mǫrkina at leita barnsins, en skógrinn var bæði þrǫngr ok myrkr. At lykðum nálguðuz þeir barnsgrátinn. Þeir fundu þar barn sveipat líndúk. Dúkrinn var knýttr saman á brióstinu. En er þeir leystu knútinn, váru þar í þrír gullhringar. Barnit var vafit undir í silkidúk. Þat var sveinbarn hit fríðasta. Þeir tóku upp barnit ok hǫfðu með sér, þar til er þeir fundu Gorm konung. Sýndu þeir honum barnit svá búit sem þeir hǫfðu fundit. Konungr iós svein þann vatni ok gaf nafn ok kallaði Knút af knúti þeim er barnit hafði með sér. Fœddiz sveinn sá upp í hirð Gorms konungs. Hann var snimma vitr ok vel at íþróttum búinn umfram flesta menn þá er þar í landi váru. Gormr konungr átti engan son. Hann unni *svá mikit Knúti fóstra sínum[21] at hann tók Knút sér í sonar stað ok virði hann meira en alla frændr sína, svá at hann gaf Knúti konungdóm eptir sinn dag. Þessi var kallaðr Knútr hinn fundni.

Gormr konungr réð ekki lengi fyrir lǫndum. Hann varð sóttdauðr. En áðr hann andaðiz lét hann Knút taka til konungs yfir ríki þat allt er hann hafði *átt[22] á Iótlandi. Var Gormr konungr heygðr at fornum sið.

---

[18] *thus* BC[1], ÷ A.
[19] *thus* B, 'konungr lengi siþan þar' A, 'þar sidan leíngi' C[1].
[20] *thus* BD[1], 'holldsetu' A, 'holltzetalandz' C[1].
[21] *thus* BC[1]D[1], 'knuti fostra sinum sva mikit' A.
[22] *thus* BC[1], 'haft' A.

CHAPTER 62

Knútr konungr lét stefna þing fiǫlmennt. Á því þingi lýsti hann fyrir alþýðu at þann mann innlenzkan eða útlenzkan er honum kunni satt at segia um ætterni sitt skyldi hann gera auðigan ok ríkan. Þetta spurðiz víða um lǫnd. Svá er sagt at á einu kveldi komu til hirðar Knúts konungs tveir saxneskir menn. En er þeir náðu at tala við konung, mælti sá er fyrir þeim var: 'Er þat með sannindum, herra, at þér hafið heitit þeim manni miklu ríki er þér kynni at segia ætt þína?' Konungr segir at þat var satt ok sór um at þat skal hann vel efna. Gestrinn mælti: 'Skulu þenna kost iafnt eiga þrælar sem friálsir menn?' Konungr segir at þat skal allt at einu. Þá mælti gestrinn: 'Þat er þér, konungr, þá fyrst at segia, at ek ok þessi minn fǫrunautr erum þrælar iarls eins á Saxlandi, en vit kunnum sannliga at segia þér ætt þína. Armfermir iarl réð fyrir Hollsetulandi. Váru vit þá þrælar hans ok þó trúnaðarmenn. En svá bar til at iarl gat barn við systur sinni ok var því leynt þar til er hún fœddi barnit. Síðan var barnit sveipat silkidúkum ok knýtt útan at líndúki ok þar í knýtti þrír gullhringar. Síðan var sveinn sá fenginn í hendr okkr at vit skyldim týna. En vit fórum í skóginn Myrkvið ok bárum barnit langt í skóginn ok lǫgðum niðr undir viðarrœtr. Gengum frá síðan.' Sǫgðu þessir menn ǫll sǫnn merki til hvar þeir hǫfðu barninu komit, svá at hinir þrælarnir kǫnnuðuz við, er sveininn hǫfðu fundit. Knútr konungr gaf þá enum saxneskum þrælum at leysa sik með til frelsis. Bað þá síðan koma til sín. Þeir gerðu svá. En er þeir kómu ǫðru sinni aptr til Knúts konungs, þá gaf hann frelsi sínum þrælum, þeim er hann hǫfðu fundit. Gaf hann þá hvárumtveggium leysingiunum iarldóma ok gerði þá alla ríka menn, sem hann hafði heitit. Þaðan af var hann kallaðr Þræla-Knútr. Hann átti son ok lét kalla Gorm eptir fóstra sínum. (39)

Þræla-Knútr réð ekki lengi ríki ok var hann þó frægr konungr. Eptir þat var til konungs tekinn Gormr son hans. Helt hann ríki af sonum Ragnars loðbrókar ok var mest í kærleikum við Sigurð orm í auga. Hann fóstraði son Sigurðar ok Blæiu dóttur Ellu konungs. Gormr iós þann svein vatni ok gaf nafn ok kallaði hann eptir Knúti feðr sínum. Sá var síðan kallaðr Hǫrða-Knútr, þvíat þar heitir á *Hǫrð á Iótlandi[23] sem hann var fœddr. (40)

CHAPTER 63

Synir Ragnars loðbrókar váru hermenn miklir. Þeir hefndu fǫður síns ok drápu Ellu konung í Englandi. Gerðiz Ívarr enn beinlausi þá konungr yfir

---

[23] *thus* BC[1]D[1,2], 'horda landi' A.

þeim hluta Englands er áðr hǫfðu átt hans ættmenn ok frændr. Hann iók ríki sitt á marga vega. Hann lét drepa hinn heilaga Eatmund konung ok lagði undir sik ríki hans.

Svá er sagt at Loðbrókarsynir hafi rekit mestan hernað í forneskiu um ǫll þessi lǫnd: England, Valland, Frakkland, Saxland ok allt út um *Lumbarði.[24] Svá kómu þeir fremst at þeir unnu þá borg er Lúna *heitir.[25] Ok um hríð ætluðu þeir at vinna Rómaborg. En er þeir kómu aptr *í ríki sitt, þá[26] skiptu þeir *ríkinu með sér.[27] Tók Biǫrn iárnsíða Uppsalaríki, Svíþióð alla ok hvárttveggia Gautland ok ǫll þau lǫnd er þar liggia til. Sigurðr ormr í auga hafði *Eygotaland[28] ok allar eyiar, Skáni ok Halland. Hvítserkr hafði Reiðgotaland ok þar með Vinðland.

Sigurðr ormr í auga átti Blæiu dóttur Ellu konungs. Þeira son var Hǫrða-Knútr, sem fyrr er ritat. Hǫrða-Knútr var konungr í Danmǫrk eptir Sigurð fǫður sinn á Selundi ok Skáni.

Þá er Hǫrða-Knútr var fulltíði at aldri ok kvángaðr, gat hann son við konu sinni. Þann lét hann heita Gorm eptir Gormi fóstra sínum, syni Knúts hins fundna. Gormr son Þræla-Knúts hafði verit allríkr konungr, þvíat hann helt alla Danmǫrk af Ragnarssonum þá er þeir váru í hernaði. Þá er Gormr son Hǫrða-Knúts óx upp var hann allra manna fríðastr sýnum þeira er menn hǫfðu sét í þann tíma. Hann var mikill maðr ok sterkr ok hinn mesti atgervimaðr um alla hluti. En ekki var hann kallaðr vitr maðr eptir því sem verit hǫfðu hinir fyrri frændr hans. (41)

Þá er Gormr var roskinn maðr at aldri fekk hann konu þeirar er Þyri hét. Hún var dóttir Haralds iarls af Iótlandi, er kallaðr var Klakk-Haraldr. Þyri var kvenna fríðust ok vitrust. Ok þat er mælt at hún hafi verit mestr skǫrungr af konum á Norðrlǫndum. Hún var kǫllut Þyri Danmarkarbót. Klakk-Haraldr iarl var kallaðr vitrastr þeira manna er þá váru í Danmǫrk. En síðan er Gormr tók konungdóm ok ríki eptir Hǫrða-Knút fǫður sinn, þá hlítti hann miǫk ráðum Haralds iarls mágs síns ok Þyri konu sinnar. (42)

Gormr konungr fór með her sinn í þat ríki *Danmarkar er þá var kallat[29] Reiðgotaland, en nú er kallat Iótland, á hendr þeim konungi er þá réð þar fyrir. Sá var nefndr Gnúpa. Þeir áttu saman nǫkkurar orrostur. En svá lauk at Gormr felldi þann konung ok eignaðiz allt hans ríki. Því næst fór Gormr

---

[24] *thus* C[1], 'lungb*arði*'AD[1,2], 'lunbardi' B.
[25] *thus* B, 'h*et*' AC[1].
[26] *thus* BC[1], ÷ A.
[27] *thus* B, 'm*eð* s*er* ʀ*iki* s*ino*' A, 'med s*er* rikinu' C[1]
[28] *thus* BC[1], 'egipta l*and*' (*!*) A.
[29] *thus* BC[1] (Danmarkar] 'danmerkr' C[1]), 'idanm*ǫ*rk er kallat er' A.

á hendr þeim konungi er Silfraskalli var kallaðr ok átti við hann ófrið ok orrostur, ok hafði Gormr konungr iafnan sigr, ok um síðir felldi hann þann konung. Eptir þat gekk hann upp á Iótland ok fór svá herskildi, at hann 3 eyddi ǫllum konungum allt suðr til Slés, ok svá vann hann ríki mikit í Vinðlandi. Margar orrostur átti *hann[30] við Saxa ok gerðiz enn ríkasti konungr. (43) 6
Gormr konungr gat tvá sonu við konu sinni Þyri. Hét hinn ellri Knútr, en hinn yngri Haraldr. Knútr Gormsson var allra manna fríðastr ok fegrstr sýnum er menn hafi sét. Hann var ok *svá[31] þokkasæll, fyrst at upphafi, at 9 konungr unni honum umfram alla menn, ok þar með var hann *svá[32] skapfelldr ǫllu landsfólkinu, at hvert barn unni honum. Hann var kallaðr Knútr Danaást. Haraldr var líkr móðurfrændum sínum. Þyri móðir hans 12 unni honum eigi minna en Knúti. (44)

CHAPTER 64

Ívarr enn beinlausi var konungr í Englandi langa æfi. Hann átti ekki barn, þvíat svá segiz at hann hefði til þess enga fýst né eðli, en eigi skorti hann 15 spekð né grimmð. Hann varð ellidauðr þar á Englandi ok var þar heygðr. Þá váru dauðir allir Loðbrókarsynir. (45) Eptir þat tók konungdóm í Englandi Aðalmundr Iáthgeirsson, bróðurson Eatmundar hins helga, ok 18 kristnaði hann víða England ok tók skatt af Norðimbralandi, er heiðit var. Eptir hann *varð[33] konungr Aðalbrikt. Hann var góðr konungr ok varð gamall. (46) 21
Á hans dǫgum ofarliga kom Danaherr til Englands, ok váru þeir brœðr hǫfðingiar fyrir liðinu, synir Gorms hins gamla, Knútr ok Haraldr. Þeir heriuðu víða um Norðimbraland ok lǫgðu undir sik margt fólk. Tǫlðu þeir 24 þat arftekiulǫnd sín er átt hǫfðu Loðbrókarsynir ok *áðr[34] aðrir margir þeira forellrar. Aðalbrikt konungr hafði liðsamnað mikinn ok fór móti þeim. Hann hitti þá fyrir norðan Kliflǫnd ok drap af Dǫnum margt 27 *manna.[35] Nǫkkuru síðar gengu Gormssynir upp við Skarðaborg ok bǫrðuz, ok þar hǫfðu Danir sigr. Eptir þat fóru þeir suðr með landi ok ætluðu til Iórvíkr. Gekk þar undir þá allt fólk. Uggðu þeir þá ekki at sér. (47) 30

[30] *thus* BC¹, 'Gormr' A.
[31] *thus* BC¹, ÷ A.
[32] *thus* BC¹, ÷ A.
[33] *thus* BC¹D¹, 'v*ar*' AD².
[34] *thus* BC¹D¹ (*after* aðrir B, *after* margir C¹, '*ok* adr m*a*rg*i*r adr*ir*' D¹), ÷ A
[35] *thus* BC¹, 'norð m*anna*' A.

Einn dag var skin heitt, ok fóru menn á sund milli skipanna. En er konungar váru á sundinu, þá hliópu menn af landi ofan ok skutu á þá. *Var þá[36] Knútr lostinn ǫru til bana. Þeir tóku líkit ok fluttu út á skip. En er þetta spurðu landsmenn, þá dróz þegar herr mikill saman. Ok því næst kom Aðalbrikt konungr, ok sneriz þá til hans allt þat fólk sem áðr hafði gengit undir Dani. Síðan náðu Danir hvergi landgǫngu fyrir samnaði landsmanna. Fóru Danir þá brott ok heim til Danmerkr. (48)

Gormr konungr var þá staddr á Iótlandi. Haraldr fór þegar á hans fund *ok[37] sagði móður sinni tíðendin. Gormr konungr hafði þess heit strengt at hann skyldi deyia ef hann spyrði fráfall Knúts sonar síns, ok svá sá er honum segði dauða hans. Þá lét Þyri tialda hǫllina grám vaðmálum. En er konungr kom til borðs, *þá þǫgðu allir[38] þeir er inni váru. Þá mælti konungr: 'Hví þegia hér allir menn? Eru nǫkkur tíðendi at segia?' Þá svarar *drottning:[39] 'Þér, herra, áttuð hauka tvá; var annarr hvítr, en annarr grár. Hinn hvíti haukrinn hefir flogit langt á eyðimǫrk. Ok er hann sat á tré nǫkkuru, kómu margar krákur ok plokkuðu hann svá at *allar fiaðrar eru af honum,[40] ok er nú *ónýtr fuglinn.[41] En hinn grái *haukr[42] er aptr kominn, ok mun hann nú drepa fugla til borðs yðr.' Þá mælti konungr: 'Svá drúpir nú Danmǫrk sem dauðr sé Knútr son minn.' Þá svaraði drottning; 'Sǫnn munu þessi tíðendi *er[43] þér segið, herra.' Sǫnnuðu þat þá allir þeir er inni váru. (49)

Þann sama dag tók Gormr konungr sótt ok andaðiz annan dag at iafnlengðinni. Þá hafði hann verit konungr tíu tigi vetra. Haugr mikill var orpinn eptir Gorm konung. Þá var tekinn til konungs yfir Danaveldi Haraldr son hans, ok var hann lengi konungr síðan. (50)

CHAPTER 65 (51)

Hlǫðver keisari Hlǫðversson, sonarson Karlamagnúsar, ríkti með brœðrum sínum, sem fyrr er ritat, *sextán ár ok tuttugu.[44] (52) Eptir þat ríkti Karl son hans ellefu ár með brœðrum sínum tveim; hét annarr Karlómannus,

---

[36] *thus* BC¹, 'þa v*ar*' AD¹.
[37] *thus* BC¹D¹, 'e*n*' A.
[38] *thus* BC¹, þǫgðu allir menn AD¹.
[39] *thus* BC¹D¹, 'drotni*n*gi*n*' A.
[40] *thus* BC¹D¹ ('fiad*r*ar allar' D¹), 'af h*onu*m e*r*o allar fiaðr*ar*' A.
[41] *thus* BC¹D¹, 'fugli*n*n v nyttr' A.
[42] *thus* A, haukrinn BC¹, 'fvglí*nn*' D¹.
[43] *thus* BC¹D¹, 'se*m*' A.
[44] *written* 'xvi. ár ok xx.' B, '.xxx. (+ ok D¹,²) .vi. ár' AD¹,², 'tolf ar *ok* tuttugv' C¹.

en annarr Hlǫðver. (53) Í þann tíma byggðiz Ísland. Þá réð fyrir Danmǫrk Gormr enn gamli, en Haraldr enn hárfagri *fyrir[45] Nóregi. (54) Eptir Karl Hlǫðversson ríkti Arnaldus son Karlómanni tólf ár, þá Hlǫðver son Arnoldi tólf ár, þá Konráðr Konráðsson siau ár. Hann var fyrstr keisari þeira manna er eigi váru at langfeðgatali komnir frá Karlamagnúsi. Eptir Konráð ríkti Heinrekr átián ár, þá Ottó hinn mikli keisari *þriátigi ára ok átta[46] ár, þá Ottó hinn rauði son hans níu ár, þá Ottó hinn ungi son Ottó hins rauða átián ár. Í þann tíma var Haraldr Gormsson konungr at Danmǫrk ok Nóregi, ok Hákon Hlaðaiarl helt af honum ríki í Nóregi, sem fyrr er sagt. Var þá vinátta þeira góð; sendi Hákon iarl Haraldi konungi á einu sumri sex tigi hauka, [. . .] (55)

CHAPTER 66 (56)

132.11–15

Ottó keisari er hinn ungi var kallaðr strengði þess heit at hann skyldi snúa Dǫnum til réttrar trúar ef hann mætti, ella skyldi hann fara með allan sinn styrk ok afla *í Danmǫrk[47] þriú sumur í samt *ok eyða þar allt,[48] ef hann *fengi[49] eigi kristnat fyrr.[50] Eptir þessa heitstrenging sendi hann [. . .] (57)

133.11–134.15

Gørir konungr þá bert at hann ætlaði at halda her þeim til móts við Ottó keisara.

CHAPTER 67

Ottó keisari dró her saman um várit á Saxlandi. Hann hafði mikit lið ok frítt. Helt hann til Danmerkr um sumarit. Funduz þeir Haraldr konungr á skipum. Þeir lǫgðu þegar til orrostu ok bǫrðuz allan þann dag til nætr. Þar fell fiǫlði liðs af hvárumtveggium ok þó fleira af keisaranum. En er nátta tók settu þeir þriggia nátta grið til ráðagerðar ok viðrbúnaðar hvárumtveggium. En er þriár nætr váru liðnar, *þá[51] gengu á land hvárirtveggiu

---

[45] *thus* BC¹D², ÷ AD¹.
[46] *thus* C¹, '.xxx.viij.' A, 'xxx ǽra ok víij' B, 'xxx. *ok* viij' ('atta' D²) D¹,².
[47] *thus* BC¹, ÷ A. *Different text in* D¹,².
[48] *thus* B, 'm*ed* h*er ok* eyda þar allt' C¹, ÷ A. *Different text in* D¹,².
[49] *thus* BC¹D¹,², 'giæti' A.
[50] fyrr] + '*ok* heria þar' A.
[51] *thus* BC¹, ÷ AD¹,².

ok biǫgguz til bardaga. Gengu síðan saman fylkingar ok varð hin harðasta sókn. Veitti keisaranum þá þungt ok fell miklu fleira hans lið. Ok er á leið daginn brast flótti í lið hans, ok flýðu þeir til skipa sinna. Svá er sagt at Ottó keisari sat á hesti um daginn ok barðiz allfrœknliga. En er meginherrinn tók at flýia, reið hann ok undan til skipanna. Hann hafði í hendi mikit spiót gullrekit ok alblóðugt upp at hǫndum. Hann setti spiótit í siáinn fram fyrir sik ok mælti hátt: 'Því skýt ek,' sagði hann, 'til allsvaldanda guðs, at annan tíma er ek kem til Danmerkr skal ek geta kristnat land þetta eða láta lífit *ella[52] ok liggia hér dauðr í Danaveldi.'

Ottó keisari *sté[53] þá á skip sín með sitt lið ok fór heim til Saxlands ok sat þar um vetrinn. (58) En Hákon iarl var eptir með Danakonungi ok hǫfðu þeir mikla ráðagerð. Létu þeir þá efla at nýiu *Danavirki.[54] (59)

CHAPTER 68

135.2–135.10

[. . .] Flutti keisarinn allan þann her út í Danmǫrk.

Þá er keisarinn spurði at Hákon iarl var í Danmǫrk ok ætlaði at beriaz í móti honum með Haraldi konungi, sendi hann iarla sína tvá; hét annarr Urguþriótr en annarr Brimisskiarr; þeir skyldu fara *til Nóregs[55] með þriá tigi kugga hlaðna af mǫnnum ok vápnum at kristna þar landit meðan Hákon *iarl væri[56] í brottu.

CHAPTER 69

Hákon iarl hafði verit í Danmǫrku með Haraldi konungi um vetrinn. En er þeir spurðu at Ottó keisari var kominn í Danmǫrk með mikinn her, [. . .]

136.21–23

Borgarhlið var á hveriu hundraði faðma ok þar kastali yfir til varnar virkinu, þvíat brúat var yfir díkit fyrir hveriu borgarhliði. [. . .] (60)

137.12–13

Sneri þá keisarinn frá at sinni ok fór með sinn her til skipa sinna. [. . .]

---

[52] *thus* C¹, ÷ ABD¹,².
[53] *thus* BC¹D¹, steig AD².
[54] *thus* BC¹D¹,², 'dana uelldi'A.
[55] *thus* BC¹, í Nóreg AD², 'j mot' D¹.
[56] *thus* BC¹D¹,², 'var' A.

CHAPTER 70 (61)

138.19–142.14

[...] Eptir þat helt Óláfr konungr skipunum suðr með Danmǫrk ok allt suðr til Slés, því at hann spurði at þar var fyrir Ottó keisari ok með honum *Búrizláfr[57] Vinðakonungr, mágr Óláfs, ok þat með at þeir þurftu liðs við. (62) En er Óláfr fann keisarann bauð hann at veita honum lið með alla sína sveit. Keisarinn leit við honum ok spurði hverr hann væri. Hann svaraði: 'Óvant er *nafn mitt[58], herra. Ek heiti Óli.' Keisarinn mælti: 'Þú ert mikill maðr ok hamingiusamligr, ok allir þínir menn sýnaz mér frœknligir, ok vil ek sannliga þiggia yðra liðsemð.'

Keisarinn átti *þá[59] húsþing við ráðgiafa sína ok *alla[60] hǫfðingia. Hann sagði svá: 'Lítið á, góðir hǫfðingiar, ok gefið ráð til hveriar framferðir *vér skulum hafa,[61] því at oss er *vandi mikill[62] til handa kominn, af því at allr þessi hinn mikli herr er hér er saman kominn er miǫk vistalauss, en Danir hafa kvikfé sitt ok allt annat góz þat er þeir eiga flutt undan oss *þangat[63] í landit sem þeir þikkiaz helzt geyma mega fyrir várum hernaði, svá at þessum megin Danavirkis má *ekki[64] finnaz þeira góz, þat er til mannfœðu megi hafa. Vér hǫfum nú átt hér nǫkkurar orrostur ok veitir oss erfitt at vinna land þetta. Nú gefið ráð til hveriu vér skulum fram fara, svá at vér haldim sœmð várri.' En er keisarinn hætti at tala, þǫgðu flestir, en þeir sem svǫruðu, sǫgðu at tveir *váru[65] kostir til: sá annarr at hverfa frá ok fara heim í ríki sitt, eða[66] drepa fararskióta sína til viðrlifnaðar fúlkinu. Keisarinn svaraði: 'Á þessum ráðum liggia stórir meinbugir, því at þat er hit mesta kristnispell skírðum mǫnnum at eta hross, þeim er ǫðruvíss mega lengia líf sitt. En ef vér gefum nú upp stríð þetta, at sinni, ok fǫrum heim í ríki várt, þá kann ek þat siá, at aldri fám vér annan tíma meira her eða fríðara at vinna Danaveldi. En mér siálfum þó hin mesta ósœmð ok óhœfa at níðaz á trú minni, því at ek hefi því heitit guði upp á trú mína at ek skal þessu sinni annathvárt fá kristnat Danmǫrk eða deyia hér ella.

---

[57] *thus* $C^1D^{1,2}$, 'borizlafr' A, 'burizleifr' B.
[58] *thus* $BC^1D^{1,2}$, 'mítt nafn' A.
[59] *thus* $BC^1D^{1,2}$, ÷ A.
[60] *thus* BC^1D^1, 'aðra' A, ÷ D^2.
[61] *thus* $BC^1D^{1,2}$, 'hafa skal' A.
[62] *thus* BC^1D^1, mikill vandi AD^2.
[63] *thus* $C^1D^{1,2}$, *after* flutt A. *Reworded in* B.
[64] *thus* $BC^1D^{1,2}$, 'eigi' A.
[65] *thus* $BC^1D^{1,2}$, 'væri' A.
[66] eða] + 'at' A.

Fyrir því vil ek hvártveggia þetta ráð ónýta. En heyra vilium vér hvat hinn nýkomni hǫfðingi, Óli, leggr til.' Óli svaraði: 'Þat ferr saman um hagi mína, herra, sem eigi er hentaz. Ek *em[67] ráðagerðarmaðr lítill, en ek hefi þó svá mikinn metnað á ráðum mínum, at ek mun hér leggia til með ǫllu ekki, útan þér, herra, ok allir yðrir ráðgiafar heitið því at hafa þat ok halda er ek legg til.' Keisarinn iátar því, ok allir þeir hétu at hafa þat ráð sem Óli legði til. Þá mælti Óli: 'Þat er mitt hit fyrsta ráð, at þér leitið þangat fulltings sem nógt er til *ok heitið á hifnakonung[68] at allr herrinn fasti sex dœgr til þess at sá guð er alla hluti hefir skapat gefi oss at sigraz á Dǫnum ok láta yðr fram koma sínu ørendi, því sem þér farið með. Því næst vil ek at allr herrinn fari í skóg þann er næstr er Danavirki, ok skal hverr maðr hǫggva *sér[69] limbyrði ok bera undir virkit, ok siám síðan hvat tiltœkiligast þikkir.'

Nú var góðr rómr gǫrr at því er Óli mælti, ok lofaði allr herrinn þessa ráðagerð. Ok um morgininn snimma fóru menn í skóg ok báru viðinn at virkinu síð um kveldit. En hinn næsta dag eptir gerði Óli þat ráð, at þeir tóku vatskerǫld ǫll þau er þeir fengu ok fylldu upp af spánum ok báru í tiǫru, gǫrðu síðan til *valslǫngur.[70] (63) En hvat sem þeir hǫfðuz annat at, þá lét Óli suman herinn sœkia at virkinu sem þeir kómuz við með skotum ok grióti. En þeir máttu ekki *ganga[71] at virkinu um daga, þvíat Hákon iarl hafði sett fiǫlða manns í alla kastala, áðr hann fór frá, at veria borgina, ef enn kynni herr at *at[72] koma.

Um kveldit síð slógu keisarans menn eldi í vatskerǫldin, eptir tilskipan Óla, ok slǫngðu at virkinu. Lék eldrinn skiótt tiǫrgaða spónu í kerǫldunum. En er loganum sló út um kerǫldin, festi brátt í liminu er þeir hǫfðu borit undir virkit. Veðrit hafði verit um daginn kyrrt ok biart. En um kveldit gerði á sunnanvind hvassan ok þurran ok tók at styrma svá sem náttaði. Nú sem limit tók at loga, en stormrinn stóð at borginni, þá festi eldinn brátt í kǫstulunum, er af tré váru gǫrvir, ok svá var *ok[73] víða borgarveggrinn af viðum. Varð þá eldgangrinn svá mikill at hvat logaði af ǫðru, svá at um morgininn eptir sá engi líkindi Danavirkis nema griótit. [. . .]

---

[67] *thus* C^1, er ABD^{1,2}.
[68] *thus* B, '*ok* heitid a hi*m*na gud' C^1, ÷ A. *Different text in* D^{1,2}.
[69] *thus* BC^{1}D^{1,2}, ÷ A.
[70] *thus* BD^{1,2}, 'vági*r* e. slaung*ur*' A, 'or vagsi slongur' C^1.
[71] *thus* BC^{1}D^{1,2}, 'sækia' A.
[72] *thus* C^{1}D^{1,2}, ÷AB.
[73] *thus* BC^{1}D^2, ÷A. ok — viðum] 'veggírn*ir*'D^1.

142.15–143.2

Var hermǫnnum þá eigi lengi vistaskortr, þvíat þar var nógt búfé Dana til strandhǫggva. En er Haraldr Danakonungr spurði at Danavirki var brennt ok Ottó keisari kominn á Iótland með allmikinn her, [...]   3

143.8–144.3

Poppó hét byskup sá er var með keisaranum. Hann talði trú fyrir Haraldi konungi ok sagði mǫrg stórtákn almáttigs guðs. En er byskup hafði talat guðs erendi bæði langt ok sniallt, þá svaraði Haraldr konungr svá: 'Trauðr   6
er ek at fyrirláta þann átrúnað sem ek hefi haft ok haldit alla æfi ok mínir frændr ok forellrar fyrir mér, svá at ekki fyrirlæt ek hann fyrir orð yður ein saman, þó at þér talið fagrt ok miúkliga, útan þér sýnið þar með opinber   9
tákn, svá at eigi megi við dyliaz at yðr trúa sé betri ok réttari en vár trúa.' Poppó byskup lét þá leggia *glóandi[74] iárnslá í hœgri hǫnd sér ok bar níu fet, svá at allir sá. [...] (64)   12

144.3–5

Haraldi konungi þótti mikils um vert er hann sá þetta. Tók hann þá trú ok var skírðr ok allr hans herr. [...]

144.16–145.6

Keisaranum þótti ráðagerðin Óla vel hafa gefiz ok spurði enn Óla á hveriu   15
landi hann væri fœðingi eða hver ætt hans væri. Óli svarar: 'Ekki skal nú dyliaz lengr fyrir yðr, herra. Ek heiti Óláfr. Ek er norrœnn at ætt. Tryggvi konungr Óláfsson var faðir minn.' Keisarinn svarar: 'Heyrt hefi ek getit   18
fǫður þíns, en þín meir. Nú vil ek at þú farir með mér til Saxlands, ok skal ek gera þik mikinn hǫfðingia í mínu ríki.' Óli svarar: '*Hafi[75] þér þǫkk fyrir boð yðvart, en ek hefi ríki nǫkkut í Vinðlandi ok verð ek þess at   21
geyma, en giarna vil ek vera vin yðvarr.' Keisarinn sagði at svá *skyldi[76] vera. [...] (65)

CHAPTER 72

147.5–16

Þá er Hákon iarl fór austan um Gautland með herskildi spurðu iarlar   24

---

[74] *thus* BC¹D¹,², 'logandi' A.
[75] *thus* BC¹D¹,², 'hafit' A.
[76] *thus* BC¹D¹,², 's*kal*' A.

keisarans, Urguþriótr ok Brimisskiarr, til ferða hans ok allar tiltekiur. Þeir váru í Víkinni ok hǫfðu kristnat alla Víkina *norðr[77] til Líðandisness.
3 Þeim þótti ekki friðvænligt að bíða þar Hákonar iarls, ef landsherrin slœgiz í móti þeim með honum. Flýðu þeir þá brottu með ǫll skip sín, þau er þeir hǫfðu þangat haft ok átta[78] ǫnnur.
6 Þá er Hákon iarl kom í Víkina, varð hann brátt *víss[79] hvat iarlarnir hǫfðu þar at hafz, at þeir hǫfðu brotit hof, en kristnat fólk allt, þat er þeir máttu því við koma. Lét Hákon þá gera upp hof ǫll, þau er niðr váru
9 brotin, ok sendi boð um alla Víkina, at engum manni skyldi hlýða at halda þeim átrúnaði er iarlar hǫfðu boðit. [. . .]

147.17–19

Settiz hann þá fyrst um kyrrt. Réð hann nú einn ǫllum Nóregi ok galt
12 aldregi síðan skatt Danakonungi. Var hann síðan at ǫllu verri ok heiðnari en áðr hann var skírðr.

CHAPTER 84

172.14–177.11

[. . .] ok er svá sagt at Pálnatóki veitti honum þau sár. Pálnatóki var son
15 Pálnis Tókasonar ok Ingibiargar dóttur Óttars iarls af Gautlandi. Hǫfðu þeir frændr, Pálnatóki ok hans forellrar, ráðit fyrir Fióni langa æfi. En er Pálnatóki gerðiz landvarnarmaðr Búrizláfs konungs á Vinðlandi ok
18 hǫfðingi Iómsvíkinga, þá setti hann *son sinn[80] er Áki hét til forráða á Fióni. Hann var iafnaldri Sveins sonar Haralds konungs. Váru þeir fóstbrœðr meðan þeir óxu upp báðir samt á Fióni með Pálnatóka. Móðir
21 Áka var Álǫf dóttir Stefnis er iarl var á Bretlandi.
Í þann tíma réð fyrir Skáney í Danmǫrku Haraldr iarl er kallaðr var Strút-Haraldr. Synir hans váru þeir Sigvaldi, Hemingr ok Þorkell hinn
24 háfi. Sigvaldi var hár maðr vexti, langleitr í andliti, biúgnefiaðr, fǫlleitr ok eygðr vel. Þorkell var manna hæstr, fríðr sýnum ok rammr at afli. Tófa hét dóttir Haralds iarls.
27 Þá réð fyrir Borgundarhólmi sá hǫfðingi er hét Véseti. Kona hans hét Hildigunnr. Þeira synir váru þeir Búi *hinn[81] digri ok Sigurðr er kallaðr

---

[77] *thus* BC^{1}D^2, 'alt' A, '*ok* nordr' D^1.
[78] átta] + 'skip' A.
[79] *thus* BC^{1}D^{1,2}, '*var*r'A.
[80] *thus* C^1, '.j.' A. *Lacuna in* BD^1, *different text in* D^2.
[81] *thus* C^1, ÷ A.

var kápa. Dóttir Véseta hét Þórgunna. Hún var gipt Áka á Fióni. Þeira son hét Vagn. Hann var snemmendis bæði mikill ok styrkr, fríðr sýnum, heldr ódæll í æsku ok hinn mesti ofrhugi þá er hann þroskaðiz. Búi móðurbróðir 3 hans var ekki fríðr sýnum, óeirinn í skapi, bæði var hann hár ok digr ok svá styrkr at menn vissu eigi at honum yrði nǫkkut sinn aflfátt. Sigurðr kápa, bróðir hans, var vænn í ásiónu, fámálugr ok stilltr vel, en ǫruggr at 6 hug. Hann átti Tófu dóttur Strút-Haralds iarls af Skáney.

Þessir allir hinir ungu menn sem nú var frá sagt, synir Strút-Haralds ok synir Véseta ór Borgundarhólmi ok Vagn Ákason, váru komnir til 9 Iómsborgar á Vinðlandi áðr en Pálnatóki var andaðr ok hǫfðu gengit undir lǫg Iómsvíkinga, þau er Pálnatóki hafði sett. Ok eigi miklu síðar tók Pálnatóki sótt þá er hann leiddi til bana. Var þá Sigvaldi, son Strút-Haralds, 12 settr hǫfðingi yfir Iómsvíkinga. Leið eigi langt áðr af var gengit lǫgum þeira í mǫrgu lagi, svá at þá váru konur lǫngum í borginni, svá ok urðu áverkar eða víg innan borgar með siálfum Iómsvíkingum ok margar aðrar 15 lǫgleysur. (66)

Því næst gerði Sigvaldi iarl heimanferð sína af Iómsborg upp í Vinðland á fund Búrizláfs konungs. Búrizláfr konungr átti þá tvær dœtr á lífi; hét 18 ǫnnur Ástríðr, en ǫnnur Gunnhildr. Hin þriðia hans dóttir, þó at þá væri ǫnduð, var Geira dróttning er átti Óláfr konungr Tryggvason. Ástríðr var fríð sýnum ok kvenna vitrust. Sigvaldi hafði eigi lengi dvaliz með konungi 21 áðr hann hafði fram sín erendi ok sagði svá: 'Þat er yðr kunnigt, herra, at vér hǫfum dvaliz um hríð hér í landi yðr til frelsis ok yðru landsfólki, þvíat vér Iómsvíkingar ok borg vár hefir verit langan tíma svá sem láss 24 fyrir yðru ríki. En vér hǫfum fyrirlátit ríki várt ok eignir í Danmǫrk. Nú yðr satt at segia vil ek eigi slíkt lengr til lítils vinna. Því eru tveir kostir til af minni hendi, at þú gipt mér Ástríði dóttur þína, ella munu vér allir 27 Iómsvíkingar fara brott ór borginni heim í Danmǫrk ok geyma eigna várra.' Konungr svaraði: 'Þat er mér ok mínu ríki miǫk skaðaligt at þér eyðið Iómsborg. En dóttir mín, Ástríðr, er hin vitrasta til allra ráðagørða. Fyrir 30 því mun ek mest hafa hennar tillǫg hér um, þó at ek hefði ætlat at gipta hana enn tignara manni fyrir nafns sakir heldr en þú ert.' Tók konungr þá tal við Ástríði ok sagði henni rœðu þeira Sigvalda. Tala þau lengi þetta 33 mál tvau samt. Segir hún svá at hún vildi fyrir hvern mun eigi vera gipt Sigvalda. En fyrir nauðsynia sakir fǫður síns vill hún at honum sé eigi frá vísat með þeim skildaga sem þau gera ráð um, heldr en þeir gefi upp 36 borgina ok alla landvǫrn. Var þá Sigvaldi til kallaðr ok segir konungr svá til hans:

'Þat er ráðagerð vár at gipta þér dóttur mína, Ástríði, ef þú vill sitia hér 39 sem áðr með alla Iómsvíkinga til landvarnar. Ok þar með skaltu áðr en

þessi ráð *takiz[82] koma af oss æfinliga skatti þeim er vér eigum at gialda Danakonungi. En at ǫðrum kosti skaltu koma Sveini konungi á várt vald.'
3   Þessu iátar Sigvaldi ok ferr við þat heim í Iómsborg.

CHAPTER 85

Sveinn Haraldsson var tekinn til konungs í Danmǫrk eptir fǫður sinn. Fór hann þá þegar at veizlum yfir ríki sitt. (67)
6   Sigvaldi býz nú af Iómsborg *ok ferr[83] til Danmerkr. Hann hafði þriú skip ok hálft annat hundrað manna. Lagði hann skip sín til lægis þar nær sem hann spurði at Sveinn konungr var á veizlu með sex hundruð manna.
9   Sigvaldi lét tengia skip sín hvert fram af stafni annars. Hann lét skióta bryggiu á land af því skipinu sem næst var landi, en kasta akkeri fyrir hinu yzta. Síðan sendi hann menn á konungs fund at Sigvaldi sé siúkr, svá at
12 hann sé miǫk svá kominn at bana. 'Ok þat *skulu[84] þér segia með,' sagði hann, 'at ek bið hann koma til mín fyrir þá skyld, at þar liggr við allt hans ríki ok líf at vit finnimz áðr ek dey.'
15 Sendimenn Sigvalda fara til bœiarins ok segia konungi allt sem þeim var boðit. En Sigvaldi sagði meðan þeim mǫnnum sem á skipunum váru hversu þeir skyldi breyta ef konungr kœmi til þeira, at þegar er konungr
18 kœmi á þat skip er næst væri landi með þriá tigi manna, þá skyldi kippa út þeiri bryggiunni er á land lá. En er hann kœmi á miðskipit með tuttugu menn, þá skyldi kippa af þeiri bryggiunni er þar var í meðal skipanna. 'En
21 ek mun hér liggia,' segir Sigvaldi, 'á hinu yzta skipinu, ok skal þeiri bryggiu af kippa þá er hann er hér kominn með tíu menn, en síðan *skulu[85] þér hafaz at slíkt sem ek kann fyrir segia.'
24 Þegar er Sveinn konungr frétti siúkleika iarls svá mikinn ok honum váru sǫgð þessi erendi ǫll saman, brá hann við skiótt ok fór til strandar með allt lið sitt. Fór þetta svá allt sem Sigvaldi hafði fyrir *mælt.[86] En er
27 Sveinn konungr kom á hit yzta skipit, spurði hann hvar iarl lá. Honum var sagt at hann lá þar í lyptingunni. Tialdat var yfir lyptinguna; gekk konungr þar til ok lypti upp tialdinu ok frétti ef hann mætti mæla. Hann svarar ok
30 heldr lágt, kvez mæla mega, en vera máttlítill. Konungr mælti: 'Hver eru þau tíðindi er þú sendir mér orð um at mér lægi allmikit við at vita?' Hann svarar: 'Lút þú at mér meir, at þú megir skilia hvat ek segi, þvíat ek er

---

[82] *thus* C¹, 'takaz' A.
[83] *thus* C¹, ÷ A.
[84] *thus* C¹, 'sk*u*lut' A.
[85] *thus* C¹, 'sk*u*lut' A.
[86] *thus* C¹, 'sagt' A.

lágmæltr.' Konungr laut þá allt niðr at honum. En iarl greip hann þá báðum hǫndum ok helt sem fastaz. Var hann *þá eigi[87] allmáttlítill. Síðan kallaði Sigvaldi á sína menn, bað þá róa út ǫllum skipunum sem ákafaz, ok var svá gert. Reru þeir brottu með Svein konung ok þessa þriátigi hans manna sem á skipin hǫfðu gengit með honum, en allt annat hans lið stóð eptir á strǫndu, þvíat engi váru skip nálæg.

Þá mælti konungr: 'Hvat er nú, Sigvaldi? Viltu svíkia mik?' Sigvaldi svarar: 'Eigi vil ek svíkia þik, en fara hlýtr þú með mér til Iómsborgar, en alla virðing skal ek veita þér ok þínum mǫnnum sem ek kann. Muntu þá vita til hvers þetta kemr.' Konungr mælti: 'Svá mun nú hlióta vera at sinni sem þú vill.'

Fara þeir nú þar til er þeir koma til Iómsborgar. Þá mælti Sigvaldi til konungs: 'Nú skaltu vera velkominn ok þiggia veizlu er ek hefi látit búa. Skal ek þér þióna með allri góðvild ok allir mínir menn.' Konungr svarar: 'Þat mun nú líkaz, ór því sem at ráða er, at þekkiaz þat er til sœmðar er gert.' 'Nú skal ek ok segia þér,' segir Sigvaldi, 'fyrir hveria sǫk ek hefi þik hingat flutt, at ek hefi tekiz þat á hendr fyrir vináttu sakir við þik at biðia til handa þér Gunnhildar dóttur Búrizláfs konungs, þeirar meyiar er ek vissi vænasta ok bezt at sér um alla hluti, þvíat ek vildi eigi at þú misstir hins bezta kvánfangs. En mér er fǫstnuð ǫnnur dóttir hans er Ástríðr heitir, ok er sú ófríðari ok at ǫllu minna háttar sem vera ætti.' Hafði Sigvaldi svá ráðit til sett, at Iómsvíkingar sǫnnuðu þetta með honum.

Ok enn sagði iarl til konungs: 'Nú er yðr, herra, svá at hugsa yðvart ráð, at þessa kvánfangs munu þér kost eiga, ef þér vilið þat til vinna at gefa upp Vinðum æfinliga skatta, þá sem þeir eiga yðr at gialda. En ef þú vill eigi þenna kost, þá mun ek fá þik í hendr Vinðum.' (68) Konungr þóttiz nú siá allt ráðit þeira Búrizláfs konungs ok Sigvalda. [. . .]

177.18

Þá fekk Sigvaldi iarl Ástríðar. [. . .]

CHAPTER 86

178.5–14

[. . .] Þess getr Biarni byskup í Iómsvíkingadrápu, at þeir fóru til Danmerkr. Hann segir svá:

---

[87] *thus* C[1], 'eigi þa' A.

> Heldu dreyrgra darra
> Danmarkar til styrkir,
> þeim gafz rausn ok ríki,
> rióðendr skipum síðan,
> ok auðbrotar erfi
> ógnrakkir þar drukku,
> þeim frá ek ýmsum aukaz
> annir, feðra sinna. (69)

178.25–179.12

[. . .] Gørðiz þá gleði mikil í hǫllinni. Þá mælti Sveinn konungr: 'Nú *eigu[88] þér Iómsvíkingar at leita yðr ágætis því meira sem þér eruð nafnfrægari en flestir menn aðrir á Norðrlǫndum.' Þeir sǫgðu víst vel fallit at láta eigi svá skiótt niðr falla gleði þá er konungrinn hafði upp hafit. (70) Svá segir Biarni byskup:

> Enn vildu þá einkum
> ǫldurmenn at skyldu,
> slíkt eru yrkisefni,
> ágætis sér leita,
> ok haukligast hefia
> heitstrengingar gátu,
> eigi frá ek *at[89] ýta
> ǫlteiti var lítil. (71)

179.19–27

[. . .] Svá segir Biarni byskup:

> Heitstrenging frá ek hefia
> heiptmildan Sigvalda.
> Búi var ǫrr at auka
> órœkinn *þrek[90] slíkan.
> Hétuz þeir af hauðri
> Hákon reka, fíkium
> *grimm[91] var frœknra fyrða
> fión, eða lífi ræna. (72)

---

[88] *thus* C¹, 'eigit' A.
[89] *thus* C¹, 'æðri' A.
[90] *thus* C¹, 'styr' A.
[91] *thus* C¹, 'gra' A.

180.11–17

[...] Svá segir Þorkell Gíslason í Búadrápu:

> Báru á vali víka,
> vel frá ek þeim líka
> seggium *snarræði,[92]
> sverð ok herklæði. (73)

3

Þat var nær vetrnóttum. [...] (74)

6

CHAPTER 88

182.10–183.2

[...] Þeir hǫfðu hvassan byr ok gengu skipin geyst. (75) Hér segir svá:

> Knúði hvasst harða,
> hliópu *marir[93] barða,
> hregg á hefils vǫllum,
> á humra fiǫllum.
> Blá *þó[94] hrǫnn hlýrum,
> hraut af brimdýrum,
> kili skaut æst alda,
> uðr hin sviðkalda.

9

12

15

Ok enn:

> Báru raukn rasta
> rekka geðfasta,
> þrǫng at rym randa,
> til ræsis landa.
> Við nam *viðr[95] mǫrgum,
> vápn eru grimm tǫrgum,
> nýtt gaf nest hrǫfnum,
> Nóregr skipstǫfnum.

18

21

24

---

[92] *thus* C¹, 'snerreiði' A.
[93] *thus* C¹, 'níarir' A.
[94] *thus* C¹, 'þvo' A.
[95] *thus* C¹, 'viði' A.

183.5–23

[. . .] Svá er sagt at þeir hliópu upp á Iaðri iólanóttina. (76) Sá maðr var nefndr Geirmundr er þar var fyrir með sveit manna. Hann var ungr ok ættaðr vel. Þeir sváfu í loptskemmu nǫkkurri. Iómsvíkingar lǫgðu at skemmunni ok *œpðu[96] heróp. Geirmundr ok hans félagar vǫknuðu við óp ok vápnabrak, vissu at ófriðr var. Geirmundr klæddiz skiótt. Hann stǫkk ofan ór loptinu; þat var heldr hátt hlaup, en þó kom hann standandi niðr. Þar var nær staddr Vagn Ákason ok hió til hans. Kom hǫggit á hǫndina ok tók af fyrir ofan úlflið. Komz hann við þat brottu. (77) Niðmyrkr var á. (78) Geirmundr nam staðar er hann var skammt kominn frá bœnum, þvíat hann vildi vita hvat her þetta var. (79) Þessar upprásar getr í Iómsvíkingadrápu:

> Segia rauðra randa
> reynendr flota sínum
> iólanótt at Iaðri
> Iómsvíkingar kœmi.
> Váru heldr á harðan
> hernað firar giarnir;
> rióðendr buðu ríki
> randorma Geirmundi. (80)

184.7–12

[. . .] Iarl mælti: 'Hvaðan af vissir þú at þar sé heldr Iómsvíkingar en aðrir menn?' Geirmundr svarar: 'Því vissa ek at þeir váru, at einn maðr mælti þá er hǫndin var hǫggvin af mér: "Fénaði þér nú, Vagn Ákason," þvíat gullhringr fylgði hreyfanum. Ok enn heyrða ek nefndan Búa ok fleiri Iómsvíkinga þá er ek nam stað skammt frá þeim.' [. . .] (81)

CHAPTER 90

185.20–186.8

[. . .] Svá segir Biarni byskup:

> Þá buðu þeir at móti
> þeim er sunnan *kómu[97]
> til geirhríðar *greppum[98]
> gørla Nóregs iarlar.

[96] *thus* C[1], 'æpti' A.
[97] *thus* BC[1], 'kvæmi' A.
[98] *thus* BC[1], 'greipum' A.

Þar varð mestr á méli,
morðremmandi, skǫmmu,
margr var at laufa leiki,
landherr saman fundinn. (82)

186.16–17
[. . .] ok sá maðr er hét Ármóðr, mikill kappi. [. . .] (83)

186.20–187.4
Svá segir Biarni byskup:

Ok hǫfðingiar hraustir
heyra menn at váru,
þat hefir þióð í minnum,
þrír með flokki hvárum,
þar er hreggviðir hittuz
hiálmaskóðs á víðum,
fundr þótti sá fyrða
frægr,[99] Hiǫrungavági. (84)

187.14–24
Því næst settu hvárirtveggiu upp merki sín, ok tókz hin grimmasta orrosta. (85) Gekk í fyrstu griót ok ǫrvar. Svá segir í Búadrápu:

Herr bar hátt merki,
á Hamðis serki
grimmt kom él eggia,
at *gekkz[100] lið seggia.
Meiddu fiǫr flotna,
flest varð hlíf brotna,
glumðu gráir oddar,
griót ok skotbroddar.

Síðan hófz hǫggorrosta. [. . .] (86)

---

[99] frægr] + 'æ' A.
[100] *thus* BC[1], 'gekk' A.

188.1–19

Hrutu fyrir borð margra manna hǫfuð ok aðrir afhǫggnir limir, sem segir í Búadrápu:

>   Hrutu fyrir borð bæði,
>   brustu herklæði,
>   hǫfuð ok hendr manna,
>   hræ nam vargr kanna. (87)

Tveir menn eru nefndir, þeir er fóru með Iómsvíkingum ór Danmǫrk. Þeir váru frá því harðfengir ok illir viðreignar sem aðrir menn. Hét annarr þeira Hávarðr hǫggvandi, en annarr Áslákr hólmskalli; hann bitu eigi iárn. Þeir váru stafnbúar Búa. (88) Búi var ok allstórhǫggr. Svá segir Biarni byskup:

>   Klauf með yggiar eldi
>   *ólmr Gull-Búi[101] hiálma;
>   niðr lét hann í herðar
>   hringserkia bǫl ganga.
>   Hart réð hǫgg at stœra
>   Hávarðr liði fyrða,
>   viðr hefir illr at eiga
>   Áslákr verit fíkium. (89)

188.22–189.18

[. . .] *Lét Vagn þá undan síga,* (90) en þó barðiz hann með mikilli hreysti ok allir hans menn ok drap margan mann. Þá felldi hann Ármóð, ríkan mann ok mikinn kappa er var með Eiríki. Þess getr Biarni byskup:

>   Vagn hefir orðit ýtum
>   ǫrfengr at bǫð strangri;
>   með fullhuga frœknum
>   fram *gingu[102] vel drengir,
>   þars í Yggiar éli
>   Áka sonr hinn ríki
>   brátt frá ek hann at hlœði
>   hugprúðum Ármóði. (91)

---

[101] *thus* GKS 2367 4to, álmr gall Búi ABC¹.
[102] *thus Konráð Gíslason 1877, 36,* gengu GKS 2367 4to, A, gengu BC¹.

Þá var hin ákafasta sókn um allan herinn, þvíat Iómsvíkingar hioggu bæði hart ok títt. (92) Svá segir í Búadrápu:

> Neytti herr handa, 3
> hríð var snǫrp branda,
> fúst var fár randa
> til *fiǫrnis¹⁰³ landa. 6
> Fellu fleinbǫrvar,
> flugu af streng ǫrvar,
> sungu hátt hiǫrvar 9
> við hlífar gǫrvar.

190.10–191.10

[. . .] Fellu þá allmiǫk menn Hákonar iarls, bæði fyrir skotum ok grióti. Svá segir í Búadrápu: 12

> Gullu hræs haukar,
> hvassir benlaukar
> skýfðu liðs leggi, 15
> lamði griót seggi.
> Gnustu gráir málmar,
> gengu í sundr hiálmar, 18
> hauks varat friðr fiǫllum
> í fiǫrnis stǫllum. (93)

En er Hákon iarl sá fœttaz liðit á skipum sínum ok honum þótti óvænt at 21 hann mundi fá hæra hlut í þessum bardaga – tók herr hans hvarvetna at láta undan síga –, þá er svá sagt at hann hafi farit til lands ok blótat til sigrs sér syni sínum síau vetra gǫmlum er hét Erlingr. Hann var hit fríðasta 24 mannsefni. (94) Svá segir í Iómsvíkingadrápu:

> Hvarvitna frá ek hǫlða,
> herr œgsti gný darra, 27
> fyrir hreggviðum hiǫrva
> hrøkkva, gunnar *rǫkkum,¹⁰⁴
> áðr í ǫrva drífu 30
> ýtum grimmr at blóta,
> fram kom heipt en harða,
> Hákon syni tœki. (95) 33

---

¹⁰³ *thus* BC¹, 'fiolnis' A.
¹⁰⁴ *thus* C¹, 'rek*kvm*' A.

191.18–193.4

[. . .] en Búi gekk í gegnum fylkingar. (96) Þess getr í Búadrápu:

> Búa frá ek greitt ganga,
> gladdi‹z›[105] svanr Hanga,
> vǫkð var gǫll geira,
> gegnum lið þeira.

Því næst kom Hákon iarl ofan af landi ok gekk út á skip sitt. Eggiaði hann þá fast lið sitt, sagði þeim ráðinn sigrinn. (97) Þá gerði él mikit ok illviðri móti Iómsvíkingum, (98) sem segir í Iómsvíkingadrápu:

> Þá frá ek él hit illa
> œðaz Hǫlgabrúðar;
> glumði hagl á hiálmum
> harða grimmt ór norðri,
> þars í ormfrán augu
> ýtum skýiagrióti,
> því[106] náði ben blása,
> barði hreggi keyrðu. (99)

Svá var haglit stórt at hvert haglkornit vá eyri. (100) Svá segir hér:

> Hagl vá hvert eyri,
> hraut á lǫg dreyri,
> blóð *þó[107] bens árum
> ór bragna sárum.
> Þar fell valr víða,
> vé sá gylld ríða,
> barðiz sveit snarla
> á snekkium iarla.

Þar með þóttuz Iómsvíkingar siá konu á skipi Hákonar iarls, þá er í rauf veðrit, ok sýndiz þeim sem ǫr flygi sem tíðaz af hverium fingri hennar, en hver ǫrin varð manns bani. (101) *Þar er þetta um kveðit:[108]

---

[105] *editor's emendation*; gladdi ABC¹.
[106] *thus* GKS 2367 4to *og* A, 'því' B, 'þa' C¹.
[107] *thus* BC¹, 'þuo' A.
[108] *thus* BC¹ (þetta] þat C¹), ÷ A.

> Ǫrum réð sér snǫrpum,
> slíkt er raun gǫrpum,
> flagð hit forlióta
> af fingrum skióta.
> Gerðiz grimmt fíkium
> at gumnum ríkium,
> gnýr var hár hlífa,
> hregg ok loptdrífa.

193.8–9

[. . .] þvíat hann vissi eigi at Sigvaldi hafði hlaupit til ára. [. . .] (102)

193.10–18

Svá segir Biarni byskup:

> Þá var þǫrfum meiri
> þrekfǫrluðum iarli,
> braut frá ek hann at heldi,
> hugraun, flota sínum.
> Snara bað segl við húna
> Sigvaldi,[109] byr *kǫldum[110]
> glumði hrǫnn á húfum,
> hríð fell í bug váða. (103)

193.20-194.4

[. . .] Þessir menn váru á skipi Eiríks iarls: Þorsteinn miðlangr. Hann var hinn mesti hermaðr. Hafði hann verit missáttr við Hákon iarl, en keypti sik nú í frið með þessu, at hann veitti iǫrlum lið með sína sveit. Þar var ok íslenzkr maðr er hét Þorleifr skúma, son Þorkels hins auðga ór Alviðru. Hann hafði hǫggvit sér rótakylfu mikla fyrir bardagann ok vá með henni um daginn. Þar var ok Vigfús Víga-Glúmsson. Var hann allstyrkr maðr. Vigfús sá hvar Áslákr hólmskalli hió til beggia handa ok drap margan mann. Hann hafði enga hlíf, þvíat ekki vápn festi á honum. [. . .] (104)

194.6–17

Varð þat hans bani. Í þeiri svipan barði Þorleifr skúma Hávarð hǫggvanda

---

[109] Sigvaldi] + 'i' GKS 2367 4to.
[110] *thus* BC¹, 'kôlldu' A.

með kylfunni þar til er hann fell ok var mjǫk beinbrotinn. (105) *Þessa[111] getr alls saman í Iómsvíkingadrápu:

3   Þar lét Vigfús verða
                      vegrœkinn Ásláki,
                      þann erat þǫrf at segia
6   þátt, helfarar veittar.
                      Þorleifr of vann þykkva
                      þrekstœrðum Hávarði,
9   hart vá hann með kylfu,
                      hǫggrammr brotit leggi. (106)

194.23–195.11

[. . .] Svá segir í Búadrápu:

12   *Sté[112] fyrir húf hesti
                      hrófs enn þrekmesti
                      gœðir gunnskára,
15   gladdiz naðr sára.
                      Niðr kom *bens bára,[113]
                      Búi nam sér hvára,
18   ferð hykk friðar misstu,
                      frœkn í hǫnd kistu. (107)

Sumir menn segia at Sigmundr Brestisson útan af Færeyium hafi verit í
21 þessum bardaga með Hákoni iarli ok hafi hǫggvit báðar hendr af Búa, þá er hann hafði áðr drepit Þorstein miðlang. Segia þeir er þat sanna at Búi hafi stungið stúfunum í hringa kistnanna ok stigi svá fyrir borð með báðar.
24 [. . .] (108)

195.15–196.1

Var þat lengi at þeir náðu ekki uppgǫngu á skeiðina. Þess getr í Iómsvíkingadrápu:

---

[111] *thus* BC[1], 'þess' A.
[112] *thus* BC[1], 'Steig' A.
[113] *emendation, presumably by Sveinbjörn Egilsson, see* SHI *I 206.16,* Skjd *B I 538;* 'byrs bára' *A,* 'bensara' *C[1].*

> Skeið frá ek víst at verði
> Vagn með sína þegna;
> ǫll váru þá þeira
> þunn skip hroðin ǫnnur;
> upp náði þar þeygi
> þengils maðr[114] at ganga;
> ofan réðu þeir ýgia
> Eiríks menn at keyra. (109)

Vagn varðiz allfrœknliga, hió til beggia handa ok drap margan mann, en þó var hann um síðir ofrliði borinn. [. . .] (110)

196.2–14

Svá segir í Búadrápu:

> Felldi Vagn virða,
> valði of nái stirða
> hrafn enn hvassleiti,
> hrundi á borð sveiti.
> Þó réð þess dála,
> þrymr var hár stála,
> eyðis unnglóða
> Eiríkr skip hrióða. (111)

Þeir Vagn váru nú bundnir allir er þeir kómu á land, með því móti at einn strengr var snaraðr at fótum þeim ǫllum, en hendr þeira váru lausar. Sátu þeir allir samt á einni lág. [. . .] (112)

196.17–18

[. . .] ok síðan hvern at hendi. Svá er sagt at allir Iómsvíkingar mælti hreystiorð áðr drepnir væri. [. . .] (113)

196.22–197.7

Þar váru drepnir átián Iómsvíkingar. (114) Svá segir:

---

[114] náði . . . maðr A, náðu . . . menn GKS 2367 4to, BC[1].

Óláfs saga Trygvasonar

> Þar lét Eiríkr ǫndu
> átián þegar týna,
> heldr frágum þá þverra,
> þegna, lið fyrir Vagni.
> Mæltu hraustar hetiur,
> haukligt var þat fíkium,
> þau hafa þióðir uppi,
> þróttar orð, með fyrðum. (115)

En er átián váru drepnir [. . .] (116)

197.22

[. . .] Biǫrn enn brezki [. . .] (117)

197.24–199.2

Þess getr Biarni byskup: (118)

> Ok með fiǫrnis fálu
> fór Þórketill leira,
> þá er menbroti mælti
> mansǫng um Gná hringa.
> Gerðiz hann at hǫggva
> hauklyndan son Áka;
> Vagn gat heldr at hánum
> heiptǫrr vegit fyrri. (119)

Eiríkr gekk þá at Vagni ok spurði ef hann vildi þiggia grið. 'Vil ek,' segir hann, 'ef ek skal ná at efna heitstrenging mína.' (120) Svá segir í Iómsvíkingadrápu:

> 'Viltu,' kvað hringa hreytir
> hyggiu gegn at Vagni,
> 'élsvellandi yðvart
> Yggiar líf of þiggia?'
> 'Eigi mun ek nema efna,'
> ungr, 'þat er heit nam strengia,'
> svá kvað Ullr at iarli
> egghríðar, 'fiǫr þiggia.' (121)

Eiríkr iarl lét þá leysa alla ór strengnum. (122) Váru þá tólf eptir af Iómsvíkingum, þeir eð þágu grið með Vagni, (123) sem Biarni byskup segir:

> Grið lét ǫrr ok aura
> Eiríkr gefit stórum,
> miǫk leyfa þat þióðir,
> þegnum tólf með Vagni. (124)

200.5–9

[. . .] Svá segir Biarni byskup:

> Þá gekk Ullr at eiga
> ǫrlyndr þrymu randa,
> menn fýstu þess, mæta,
> margir, Ingibiǫrgu. (125)

200.14–15

[. . .] með Ingibiǫrgu konu sína. Settiz hann at Fióni ok varð ágætr hǫfðingi, ok er mart stórmenni frá honum komit. Biǫrn hinn brezki fór vestr til Bretlands ok settiz þar at eignum sínum. (126)

NOTES

(1) The Arnulfus who is here said to have been 'first jarl in Saxland and later archbishop in Mezborg' is referred to in many sources; see, for example, Paulus Diaconus, *Liber de episcopis Mettensibus* (MGHSS II 264–65). His descendants down to Charlemagne are there traced in the same way as in ÓlTr, though it does not say there that Arnulfus had been 'jarl in Saxland'. The same links are listed in the genealogy of the Carolingians (*Domus Carolingicae genealogia*, printed in MGHSS II 308–09), in the Life of Louis the Pious (*Thegani vita Hludowici imperatoris*, Quellen V 216.6–10), and in *Annales Marbacenses* in a passage which according to the editor (Hermann Bloch, SrG 1907, 2) is taken from *Die Legende Karls des Grossen*. There and in the Life of Louis the Pious it says of Arnulfus that he had been 'in iuventute dux' ('a duke in his youth'), but nothing is said of where he had been *dux*. There is a corresponding genealogy in *Veraldar saga* (VerJB 70.11–15): 'þesir erv langfedgar Karls ins mikla keisara. Avrnolfr (Arnvlfvs *in B-class manuscripts*) byskup heilagr af Mettis. Ansigivs hertogi. Pippinvs. Karolvs. hann var konvngr i Fracklandi. hans son var Pippinvs fadir Karlamagnvs keisara.' This genealogy in *Veraldar saga* can hardly be derived from the same source as the text in ÓlTr.

(2) Charlemagne was made king on 9 October 768 (ArF 26–29), consecrated emperor by Pope Leo on Christmas Day 801 (ArF 112), and died 28 January 814, according to ArF in about the seventy-first year of his life (ArF 140: 'anno aetatis circiter septuagesimo primo'). According to the account in ÓlTr he was king for 34 years and emperor for 12, and thus king and emperor for 46 years altogether, while according to ArF and Nithard (*Nithardi historiarum libri iv*, Quellen V 386.26–28) he was king for 32 years and emperor for 14; according to ArF king and emperor for 46 years and 82 days altogether.

(3) In ÓlTr the emperors in Constantinople are called 'stólkonungar' (see also ÓlTrEA I 299, line 36 of the footnotes, I 300.3, II 308.12). The same title is used of them in *Veraldar saga* (VerJB 70.10) and other sources (GeringÍÆ XVII 2). Ásgeir Blöndal Magnússon (*Íslensk orðsifjabók* 965) has pointed out that this title could be derived from Old Slavonic *stol'ny kn'az'*, which was used of the king in Kiev. The names of the emperors in Constantinople, Michael, Niceforus and Leo, could have been taken from, for example, ArF (136, 139 *et passim*), or from Einhard's *Vita Karoli Magni*: 'Imperatores etiam Constantinopolitani, Niciforus, Michahel et

Leo, ultro amicitiam et societatem eius expetentes / conplures ad eum misere legatos' (Quellen V 186.6–8: 'The emperors in Constantinople, Niciforus, Michahel and Leo, who of their own accord sought his friendship and alliance, also sent very many ambassadors to him').

(4) Einhard mentions Queen Hildigardis in *Vita Karoli Magni* (Quellen V 188.16). Her name also appears in ArF and many later sources.

(5) Charlemagne had their son Hludowicus (778–840; for some strange reason called Hlǫðver in some medieval Icelandic sources, e.g. *Resensbók* (see note 36), *Landnámabók* and ÓlTr, see Foote 1959a, 27–28) crowned in 813, and so it is correct when ÓlTr says that he ruled for 27 years. The comment in ÓlTr, 'he never played or laughed', probably originates in the long adulatory description of him in *Thegani vita Hludowici*. It says there: 'Nunquam in risum exaltavit vocem suam, nec quando in summis festivitatibus ad laetitiam populi procedebant themilici, scurri et mimi cum coraulis et chitaristis ad mensam coram eo, tunc ad mensuram ridebat populus coram eo, ille nunquam nec dentes candidos suos in risu ostendit' (Quellen V 228.12–16: 'He never burst out laughing, nor at the highest festivals, when clowns, jesters and players came before his table for the entertainment of the people, together with pipe- and harp-players, and the people around him laughed proportionately, he never even revealed the whiteness of his teeth in a smile'). In *Veraldar saga* he is described like this: 'Eptir hann var sonr hans Lvdovicvs keisari .vii. ar ok .xx. hann hlo alldregi at þvi er sagt er' (VcrJB 71.6–8). The original source is the same as in ÓlTr, but in *Veraldar saga* a different translation has been used.

(6) In ÓlTr the Latin form of the name Godefridus has been kept, but this king was presumably called Goðfrøðr or Guðfrøðr, cf. the text further on at 6.27. He is called 'rex Danorum' ('king of the Danes') in ArF 118 and many other sources, but in ÓlTr and following the same source in AnnStorm his rule is limited to Jutland. The rest of what is said of him in ÓlTr accords for the most part with ArF, which has under the year 808: 'Godofridus vero priusquam reverteretur, distructo emporio, quod in oceani litore constitutum lingua Danorum Reric dicebatur [. . .]' (ArF 126: 'But Godofridus, before he returned, destroyed a trading-place that had been established on the coast and in the language of the Danes was called Reric'). This place, said to have been called Reric by the Danes, has not been identified. A little further on, under the year 809, we read: '[. . .] Thrasco dux Abodritorum in emporio Reric ab hominibus Godofridi per dolum

interfectus est' (ArF 129: 'Thrasco, the leader of the Abroditi, was treacherously killed by Godofridus' men in the trading-place Reric'). The person who first wrote down the account that the compiler of ÓlTr used has conflated these two passages into one and misunderstood the place-name Reric, not surprisingly, and invented out of it a Hrœrekr lord of the Frisians. Finally, it is said in ArF that the emperor discovered in 810 that Guðfrøðr had taken tribute from the Frisians (ArF 131: '[. . .] vectigalis nomine centum libras argenti a Frisionibus iam esse solutas [. . .]', 'that a hundred pounds in silver had alread been paid by the Frisians as tribute'). What is said in early Icelandic annals about 'dráp Hrœreks Frísahǫfðingja ok Guðfrøðar Jótakonungs' (810 in Resens annáll, Forni annáll, Flateyjar annáll and Gottskálks annáll, but 809 in Oddverja annáll) is derived from the same source as was used by the compiler of ÓlTr.

(7) In ArF there is an account of Charlemagne's expedition against Guðfrøðr in 810 which says that while he was waiting with his army, he learned that Guðfrøðr's fleet had returned home: 'Nam et classem, quae Frisiam vastabat, domum regressam et Godofridum regem a quodam suo satellite interfectum, [. . .]' (ArF 131: '[It was reported] that the fleet which had been ravaging Frisia had returned home and that King Godofridus had been killed by one of his men').

(8) In ArF Guðfrøðr's nephew Hemingr is mentioned under the year 810: 'Godofrido Danorum rege mortuo Hemmingus filius fratris eius in regnum successit ac pacem cum imperatore fecit' (ArF 133: 'After the death of Godofridus, king of the Danes, his brother's son Hemmingus succeeded to his throne and made peace with the emperor').

(9) What is said here agrees with the account of the peace made between Hemingr and Charlemagne in ArF under the year 811, though that account is not included in its entirety in ÓlTr, which only says that they met by the River Eider that year and made peace. In ArF there is the following account of the peace: 'Condicta inter imperatorem et Hemmingum Danorum regem pax propter hiemis asperitatem, quae inter partes commeandi viam claudebat, in armis tantum iurata servatur, donec redeunte veris temperie et apertis viis, quae immanitate frigoris clausae fuerunt, congredientibus ex utraque parte utriusque gentis, Francorum scilicet et Danorum, XII primoribus super fluvium Egidoram in loco, qui vocatur *Heiligen,[1] datis vicissim secundum ritum ac morem suum sacramentis pax confirmatur'

---

[1] The A- og B-manuscripts of ArF have a blank for this name.

(ArF 134: 'The peace agreed between the emperor and Hemmingus king of the Danes was only sworn on arms because of the harshness of the winter which closed the road communicating between the parties until, with the return of the warmer weather of spring, the roads were opened which had been closed by the fierceness of winter and twelve leading men from each side and of each nation, that is the Franks and Danes, met together on the River Eider at a place called Heiligen and exchanged oaths each in accordance with their own rites and customs to confirm the peace'). After this there is a list of the names of the leading men of the Franks and Danes who made the peace, which includes two brothers of Hemmingus, 'Hancwin et Angandeo', whose names were presumably Hákon and Angantýr.

(10) ArF, under the year 812: 'Nec multo post Hemmingus Danorum rex defunctus nuntiatur' (ArF 136: 'Not long afterwards the news came that Hemmingus king of the Danes had died'). Even though it is not absolutely certain, because of the imprecise wording of ArF ('Nec multo post', literally 'not much later'), which year Hemingr died, the writer of the source used by the compiler of ÓlTr has noted that his death is recorded under the year 812 in ArF.

(11) The kings whose names are given as Sigfrøðr and Hringr anulo in ÓlTr are in ArF called Sigifridus and Anulo and this is said of them under the year 812: 'Cui (i.e. Hemmingo) cum Sigifridus nepos Godofridi regis et Anulo nepos Herioldi, et ipsius regis, succedere voluissent neque inter eos, uter regnare deberet, convenire potuisset, comparatis copiis et commisso preolio ambo moriuntur. Pars tamen Anulonis adepta victoriam fratres eius Herioldum et Reginfridum reges sibi constituit; quam necessario pars victa secuta eosdem sibi regnare non abnuit. In eo proelio X̄DCCCCXL viri cecidisse narrantur' (ArF 136: Since Sigifridus, kinsman (nephew?) of King Godofridus, and Anulo, kinsman (nephew?) of Herioldus and of the king himself (i. e. Hemmingus), both wanted to succeed him, and could not agree between themselves which was to rule, they mustered troops, fought a battle and were both killed. But Anulo's side won the victory and made his brothers Herioldus and Reginfridus their kings. The defeated side had no alternative but to go along with the rest and did not reject these as their rulers. In this battle it is said that ten thousand nine hundred and forty men fell').

Anulo is a problematical name for a Danish king. According to Gustav Storm, 'Anulo var et almindeligt frankisk Navn [. . .] og ganske svarer til det nordiske Aale (tidligere Anli, opr. Anala)' (Storm 1878, footnote 39).

If this is correct, the writer of ArF would have regarded Áli as the same name as Anulo. If the compiler of the source that underlies ÓlTr regarded Anulo in ArF as a surname (nominative *ōn*-stem), it is easy to see why he should have called him Hringr, but odd that he should still let him keep his Latin name as a surname. He must have been good enough at Latin to know that 'the Latin cognomen was often an *ōn*-stem, though the corresponding common noun and adjective followed the first or second declension'.[2] Herioldus' descent is not given in ArF. The number of those said to have fallen in the battle in ÓlTr corresponds exactly with that in ArF.

(12) In ArF, under the year 812, Herioldus (Haraldr) and Reginfridus (Ragnfrøðr) are said to have been Anulo's brothers, but this is not stated in ÓlTr. In the last part of the annal for 812 it says that Haraldr and Ragnfrøðr sent to Charlemagne to ask for peace and requested the release of their brother Hemmingus, who was apparently being held hostage by the emperor: 'Harioldus et Reginfridus reges Danorum missa ad imperatorem legatione pacem petunt et fratrem suum Hemmingum sibi remitti rogant' (ArF 137). Peace was ratified in 813 by a sixteen-man delegation of Danes and Hemmingus was sent back with them (ArF 138). This information is not in ÓlTr, and it looks as though from this point that text is independent of ArF.

(13) In ÓlTr it says that Haraldr was 'fimm vetr konungr áðr hann barðiz við Reinfrídum, son Godefrídi'. The form Reinfridus corresponds to the manuscript designated *E* 2 ('codex Parisinus n. 5942 seculi X') by the editors of ArF (Praefatio xii), see the textual note on 137.17; though admittedly there it is not the son of Guðfrøðr that is referred to. But the sentence itself does not correspond to ArF under the year 814. It says there that the Danish kings Herioldus and Reginfridus had the previous year been defeated and driven from their kingdom by the sons of Godefridus, but had regrouped their forces and attacked again; in this conflict Reginfridus and Godefridus' eldest son were killed, but Herioldus fled to the emperor, who told him to go to Saxony: 'Harioldus et Reginfridus reges Danorum, qui anno superiore a filiis Godofridi victi et regno pulsi fuerunt, reparatis viribus iterum eis bellum intulerunt; in quo conflictu et Reginfridus et unus de filiis Godofridi, qui maior natu erat, interfectus est. Quo facto Herioldus rebus suis diffidens ad imperatorem venit et se in manus illius commendavit; quem ille susceptum in Saxoniam ire et oportunum tempus exspectare iussit, quo ei, sicut petierat, auxilium ferre

---

[2] Eyjólfur Kolbeins, personal communication.

potuisset' (ArF 141: 'Herioldus and Reginfridus, kings of the Danes, who had the previous year been defeated by the sons of Godefridus and driven from their kingdom, regrouped their forces and made war on them again. In this conflict both Reginfridus and one of the sons of Godefridus, who was the eldest by birth, were killed. After this, Herioldus, despairing of his cause, went to the emperor and put himself in his hands. He received him and ordered him to go to Saxony and wait for an opportune time when he would be able to give him the help he had requested'). But in ArF there is no mention either of Herioldus's vow during the battle to be baptized, which is a hagiographic motif, or of his baptism itself until the annal for 826: 'Eodem tempore Herioldus cum uxore et magna Danorum multitudine veniens Mogontiaci apud sanctum Albanum cum his, quos secum adduxit, baptizatus est; multisque muneribus ab imperatore donatus per Frisiam, qua venerat via, reversus est' (ArF 169–70: 'At this same time Herioldus came, with his wife and a large number of Danes, and was baptized at St Alban's in Mainz, together with those he had brought with him. He then returned through Frisia, the same way as he had come, with many gifts given him by the emperor'). What in ÓlTr corresponds to this passage in ArF, is that Haraldr went with his wife and a large troop of Danes to visit the emperor and that he was baptized in Mainz (Meginzuborg, Mogontiacum). In ÓlTr it is not stated in which year Haraldr was baptized, and this event is not dated otherwise than by being set 'á dǫgum Paschalis páfa' ('ens fyrsta með því nafni í postulegu sæti' is added here in D[1,2]), which is irreconcilable with the date in ArF, for Paschal I was dead in 826 (pope 817–24). In ArF it is not mentioned that Haraldr took his nephew Hárekr with him to the emperor, nor that Bishop Ansgar went with him to Denmark. On the other hand *Vita Anskarii* has a chapter about Ansgar's going to Denmark with Haraldr (Quellen XI 30–38). Adam of Bremen says that Hárekr, whom he calls Haraldr's brother, had been with him and been baptized at the same time as he: 'Eodemque tempore rex Danorum Haraldus a filiis Gotafridi regno spoliatus ad Ludewicum supplex venit. Qui et mox christianae fidei cathecismo imbutus apud Mogontiam cum uxore et fratre ac magna Danorum multitudine baptizatus est. [. . .] fratri eius Horuch, ut piratis obsisteret, partem Fresiae concessit' (Quellen XI 186.26–32: 'At this same time Haraldr, king of the Danes, having been robbed of his kingdom by the sons of Gotafridus, came to Louis seeking help. He was immediately instructed in the elements of the Christian faith and was baptized at Mainz with his wife and his brother and a large number of Danes. [. . .] He gave his brother Hárekr part of Frisia to defend it from vikings').

(14) I know of no source for the statement that Haraldr died of sickness, and it may well be that the compiler of the text used by the writer of ÓlTr assumed that this was what became of him because he had found no mention of his having fallen in battle or died in any other way.

(15) The Hárekr who is here said to have been kinsman of Haraldr is clearly the Hárekr nephew of Haraldr who went with him to visit the emperor, see above. *Annales Fuldenses*, under the year 854, has the following passage corresponding to what ÓlTr has about Hárekr and his nephew Guthormr: 'Ibique inter Horic regem Danorum et Gudurm filium fratris eius, qui eatenus ab eo regno pulsus piratico more vixit, orta contentione ita se mutua caede mactaverunt, ut vulgus quidem promiscuum innumerabile caderet, de stirpe vero regia nisi unus puer nullus remaneret, [. . .]' (Quellen VII 46.12–16: 'There (i. e. in Denmark) a conflict took place between Hárekr the king of the Danes and his nephew Guthormr, who had been driven by him from the kingdom and until then had been living as a viking, and they inflicted such slaughter on each other that besides the indiscriminate fall of an innumerable crowd, none was left of the royal line except one boy'). The name of the boy who survived of the royal line is not given here, but Adam of Bremen, quoting a source that he refers to as 'Hystoria Francorum', does name him: '[. . .] de styrpe autem regia nemo omnium remaneret preter unum puerum, nomine Horicum' (Quellen XI 202.8–9: '[. . .] but of the royal line no one at all was left except for one boy called Hárekr'). In ÓlTr it says that the battle between Hárekr and Guthormr took place eight hundred and sixty two years 'eftir holdgan várs herra Iesú Kristí'. This calculation relates to the feast of the Annunciation, 25 March. There is thus a difference of eight years in the dating of the battle in AF and ÓlTr. The origin of the dating in ÓlTr is not clear. If the difference is due to misreading of a manuscript, it may be that D.CCC.liu was read as D.CCC.lxii by a copyist (iu read as xii).

(16) In Adam of Bremen's *History* it is told how the Danes abandoned Christianity after Hárekr II was made king and that Ansgar then returned to Denmark and baptized him, and that Hárekr then allowed him to build a church in Ribe which was the second church to have been built in Denmark (Quellen XI 202.9–16). On the other hand it appears from the last sentence under the year 854 in AF that the battle between Hárekr I and Guthormr and their fall are to be seen as a fitting punishment for the evils they had inflicted on the Church: '[. . .] Domino sanctorum suorum iniurias ulciscente et adversariis digna factis retribuente' (Quellen VII 46.16–17:

'Thus the Lord punished the wrongs committed against his saints and made just requital to their enemies for what they had done'). This must mean that it was not Hárekr II who drove out priests and closed the churches (Quellen XI 202.9–11), but Hárekr I. In *Vita Anskarii* it says that Hárekr (I) allowed Ansgar to build the first church in Denmark in Slesvig, i. e. in Hedeby, and it is on this that Adam based his reference to the building of the first church in Denmark (Quellen XI 80.10–19, 198.11–15 and 202.12–16).

(17) Bishop Ansgar died 3 February 865 (Quellen XI 129, footnote 186), which agrees with the statements in ÓlTr that he died three years after the battle between Hárekr and Guthormr and that this battle took place in 862. This indicates that the Icelandic compiler of this text used a source that dated the battle between Hárekr and Guthormr to 862.

(18) What is said in this sentence does not agree with any known source and is probably a misunderstanding or misremembering of what is said in Adam of Bremen's *History*, see note 16 above.

(19) Sigfrøðr and Hálfdan are named in AF, under the year 873. It says there that they each sent to Louis II (Louis the German, king of the East Franks) with requests for peace treaties. They are said to be brothers, but it is not mentioned that they were heathen (Quellen VII 88.24–36). Adam of Bremen refers to these events, and it appears from what he says that Sigfrøðr and Hálfdan were heathen. Adam mentions that in Archbishop Rimbert's account it does not say who were the kings of the Danes in his time, but that it can be deduced from 'Hystoria Francorum' that Sigfrøðr and Hálfdan were the rulers (in Denmark). 'Qui etiam munera Ludvico cesari miserunt, gladium videlicet capulo tenus aureum et alia, pacem rogantes. Et missis utrimque ad Egdoram fluvium mediatoribus pacem firmam ritu gentis per arma iuraverunt' (Quellen XI 208.7–11: 'They also sent the emperor (!) Louis gifts, a golden-hilted sword and other things, asking for peace. Mediators were sent by both sides to the River Eider and they swore to a steadfast peace by their arms according to the custom of the heathens').

(20) Rimbert was archbishop in Bremen 865–88 and succeeded Ansgar. The information about him is presumably taken from Adam of Bremen (Quellen XI 206–16).

(21) Here the compiler of ÓlTr has become confused and conflated two

Louises into one Hlǫðver. The Hlǫðver who is mentioned here in ÓlTr as having died in the twelfth year of Rimbert's archbishopric can only be Louis II, king of the East Franks (843–76), who admittedly was not crowned emperor, though he was called 'keisari' by Scandinavians, according to Resensbók. In manuscripts derived from Resensbók, where the division of the kingdom between the sons of Louis the Pious is described, it says: 'Loduvikus þydôsct land. þvi calla nordmenn hann keisara' (Papp. fol. nr. 76, 10v). But the emperor Louis the Pious (Louis I), son of Charlemagne, who in ÓlTr is called Hlǫðver, died in 840 (Quellen VII 26), and his sons according to *Nithardi historiarum libri iv*, AF and other sources were Hlutharius, Pippinus, Hludowicus and Karlus, which agrees with ÓlTr. But what it says in ÓlTr about the division of the kingdom between them is not taken direct from AF. ÓlTr is correct in saying that Pippin was king in Aquitania. He died in 838 (Quellen VII 24.10–11), but about the division of the kingdom between his brothers in 839, AF has as follows: 'Post pascha vero mense Maio Wormatiam veniens Hluthario filio suo de Italia in fidem eius venienti reconciliatur regnumque Francorum inter eum et Karlum filium suum minimum dividit, Hluthario quidem, qui maior natu erat, nominis sui dignitatem et sedem regni tribuens, Hludowico vero filio suo minori pro eo, quod eum offenderat, Baioariorum provincia tantum concessa' (Quellen VII 24.20-25: 'After Easter, then, in the month of May, he (i. e. Louis the Pious) came to Worms and was reconciled with his son Lothair who had come from Italy to demonstrate his loyalty, and divided the kingdom of the Franks between him and his youngest son Charles. But Lothair, who was older by birth, he dignified with his own title and granted him the throne of his realm, while to Louis, his younger son, because of his displeasure with him, he only granted the province of Bavaria'). Later in AF there is an account of the Treaty of Verdun in 843 (Quellen VII 30.23–28), where the three brothers who still survived divided the kingdom between them, but this is not the source of the details in ÓlTr. There is more similarity between ÓlTr and the text of Adam of Bremen, which has the following: 'Tandem mediante papa Sergio pax inter fratres convenit, regnumque divisum est in tres partes ita ut Lotharius maior natu cum Italia Romam, Lotharingiam cum Burgundia possideret, Ludvicus Rhenum cum Germania regeret, Karolus Galliam, Pippinus Aquitaniam' ('Finally peace was agreed between the brothers by the mediation of Pope Sergius, and the kingdom was divided into three parts, so that Lothair, the eldest, was to have Italy including Rome, Lotharingia together with Burgundy, Louis was to rule the Rhineland together with Germany, Charles Gallia, Pippin Aquitaine'). As regards this text, it should be noted that

Pope Sergius II was not involved in this treaty and that the Pippin mentioned here was the brothers' nephew, Pippin II (Quellen XI 194.26–30 and footnote 127 on p. 195).

(22) Rimbert, as was said above, became bishop in 865 and so had been bishop twelve years in 877. AF mentions raids by Danes and Norwegians neither in 877 nor in 878. Norðmenn in ÓlTr is doubtless a translation of Northmanni in some Latin work, but what Kerlingaland represents is not easy to say (Karlungaland?).

(23) 'Hlǫðver enn ungi Hlǫðversson', i. e. Louis the Young (Hludowicus III iunior), grandson of Louis the Pious, died 882 (Quellen VII 114–116).

(24) AF, under the year 881, probably deals with both the battles described in ÓlTr, but the account in ÓlTr is not based on AF, which has: 'Rex (i. e. Hludowicus III, king of the West Franks) cum suo nepote Hludowico (i. e. Hludowicus III iunior (Louis the Young), king of the East Franks) apud villam Gundolfi congruum habuit colloquium; inde transiens omne tempus aestivum in Baioaria moratus est. Nepos vero illius cum Nordmannis dimicans nobiliter triumphavit; nam novem milia equitum ex eis occidisse perhibetur. At illi instaurato exercitu et amplificato numero equitum plurima loca in regione regis nostri vastaverunt, hoc est Cameracum, Traiectum et pagum Haspanicum totamque Ripuariam, praecipua etiam monasteria, id est Prumiam, Indam, Stabulaus, Malmundarium et Aquense palatium, ubi in capella regis equis suis stabulum fecerunt. Praeterea Agrippinam Coloniam et Bunnam civitates cum aecclesiis et aedificiis incenderunt. Qui autem inde evadere potuerunt, sive canonici sive sanctimoniales, Mogontiacum fugerunt, thesauros aecclesiarum et sanctorum corpora secum portantes' (Quellen VII 114.19–30: 'The king and his kinsman Louis had a harmonious conference at Gondreville; going on from there he spent the whole summer in Bavaria. His kinsman, however, fought with the Norsemen and splendidly triumphed, for nine thousand of their horsemen are said to have been killed. But when they had renewed their army and increased the number of horsemen they laid waste many places in the realm of our king, that is Cambrai, Maastrict and the district of Haspengau and the whole of Ripuaria, also the principal monasteries, that is Prüm, Inda, Stablo, Malmédy and the palace of Aachen, where they stabled their horses in the royal chapel. Moreover they burned the cities of Cologne and Bonn, including churches and other buildings. Those who managed to escape from them, whether clerics or monks, fled

to Mainz, carrying their church treasures and the relics of the saints with them'). There is also an account of the campaign of the viking leaders Sigfrøðr and Guðfrøðr in Adam of Bremen (Quellen XI 208.22–210.18), but his account is not the model for what appears in ÓlTr, nor is what is told of their activities in *Annales Bertiniani* and *Annales Vedastini* (printed among other places in Quellen VI).

(25) The Charles who attacked the Danes was Charles III, king of Alamannia 876–87 and emperor 881–87, brother of Louis the Young, and not brother of Lotharius, as it says in ÓlTr.

(26) AF, under the year 882, and *Reginonis Chronica* tell of the treaty of the Danes with the emperor Charles, their breaking of the truce and treachery, and also say that Guðfrøðr had himself baptized as a Christian, but that text is not the source of what is said in ÓlTr. Under the year 886 in AF it is mentioned that the Danes ('Nordmannos') had been in Paris, but it is not said that they had burned the city. This is, however, referred to in *Annales Vedastini* under the years 885 and 886, where there are detailed accounts of the attacks of the Danes on Paris (Quellen VI 308 ff.). The emperor Arnaldus mentioned here is called Arnolfus in AF (Quellen VII 130.8–9, 132.7 etc.) and Arnulfus in *Annales Bertiniani* and *Annales Vedastini* (Quellen VI 278.12, 314.37 etc.); he became king of the East Franks in 887, and he was emperor 896–99. What is said here about his battle with the Danes must relate to the battle by the river Dyle in the year 891. The compiler of ÓlTr did not know the actual year and dates the battle imprecisely: 'níu hundruð vetra eða nær því' after the birth of Christ. In AF, under the year 891, it says that Sigfrøðr and Guðfrøðr were killed in this battle, and that one man of the army of Christians fell, but many thousands ('tanta milia hominum') of the other side (Quellen VII 150–54).

(27) Bishop Huno, called Unni in Adam of Bremen, was bishop in Bremen 918–36 (Quellen XI 227, footnote 232). In ÓlTr it says that he was ordained bishop seventeen years after the Emperor Arnaldus fought the Danes; this therefore assumes that the battle took place in 901. This agrees with the earlier statement that the battle was 'níu hundruð vetra eða nær því' after the birth of Christ and indicates that the chronology of the compiler of the text used by the author of ÓlTr was somewhat out.

(28) The twelfth year from the ordination of Bishop Huno was the year 930. Henry I was king and emperor 919–36. His Christianisation of Frisia

and Denmark is alluded to in Widukind's Saxon Chronicle under the year 934: 'Cum autem omnes in circuitu nationes subiecisset, Danos, qui navali latrocinio Fresones incursabant, cum exercitu adiit vicitque, et tributarios faciens, regem eorum nomine Ghnubam baptismum percipere fecit' (MGHSS III 435.32–34: 'And when he had made subject all the surrounding peoples, he invaded the Danes, who had been attacking the Frisians on viking ships, with an army and defeated them, made them tributary, and forced their king, whose name was Gnúpa, to accept Christianity'). According to ÓlTr Henry's expedition to Denmark was four years earlier, and the wording does not suggest that its text was derived from Widukind. Thietmar dates this expedition of Henry's to 931: 'Insuper Northmannos et Danos armis sibi obtemperantes fecit et ab errore pristino revocatos, cum rege eorum Cnutone hos Christi iugum portare edocuit' (MGHSS III 739.34–36: 'Moreover he made the Northmen and Danes submit to himself by force of arms, and having called them back from their previous false doctrine, he taught them, together with their king, Cnut, to bear the yoke of Christ'). Adam of Bremen also mentions Henry's expedition to Denmark: 'Deinde cum exercitu ingressus Daniam, Vurm regem primo impetu adeo perterruit, ut imperata se facere mandaret et pacem supplex deposceret' (Quellen XI 228.11–13: 'Next he invaded Denmark with his army, and with his first attack so completely terrified King Gorm that he committed himself to carrying out his commands and submissively sued for peace'). Just before (Quellen XI 226.32–228.4), Adam speaks of the king of the Danes 'Hardecnudth Vurm', who had persecuted Christians. But the king Adam calls Vurm is thought by scholars to have been Gormr the Old, so that it is probably right to assume that 'Hardecnudth Vurm' stands for Gormr Hǫrða-Knútsson (Storm 1878, 50, footnote 1). None of the three works that have been cited here was the direct source of what is said in ÓlTr of Henry's mission to Denmark, and none of them contains the remark in ÓlTr, 'bæði með blíðmælum, ógnum ok orrostum.'

(29) The Fróði who is here said to have ruled over Jutland is named in Danish annals. The text of the Roskilde Chronicle is closely related to ÓlTr: 'Hec dum agerentur, Hericus rex defunctus est, et in regnum Frothi leuatus est; quem Unni, Bremensis archiepiscopus, baptizauit. Extemplo erecte sunt ecclesie, que pridem destructe sunt, Sleswicensis et Ripensis. Terciam rex in honore sancte Trinitatis apud Arusam edificauit' (SMHDMÆ I 17.10–14: 'While these [the raids by the Danes on Frankia and Frisia] were going on, King Eiríkr died and and Fróði was raised to the kingship. He was baptized by Unni, archbishop of Bremen. Forthwith the churches

which some time before had been destroyed, in Schleswig [Hedeby] and Ribe, were raised up. A third was built by the king at Århus in honour of the Holy Trinity'). In ÓlTr it does not say in which year Bishop Huno went to Denmark, but according to Adam of Bremen, who mentions this visit of his, it was a year or so before he died (Quellen XI 228.18–232.8).

(30) Agapitus II was pope 946–55. What is said here, that the bishops were ordained with the approval of Pope Agapitus, agrees with Adam of Bremen (Quellen XI 236.15–25). Adam says that the sees that are named here in ÓlTr were established in Denmark after Haraldr Gormsson was baptized. But while the names of the bishops and of their sees are the same in Adam as in ÓlTr, they are spelled differently, which indicates that the names in ÓlTr were not derived from Adam's *History*: 'Igitur beatissimus pater noster primus ordinavit episcopos in Daniam, Horitum [Haredum] ad Sliaswig, Liafdagum ad Ripam, Reginbrondum ad Harusam. [. . .] Anno archiepiscopi factum est hoc XII' (Quellen XI 236.26–238.1–3: 'Thus our most blessed father was the first to ordain bishops for Denmark, Horitus [Haredus] to Schleswig, Liafdagus to Ribe, Reginbrondus to Århus. [. . .] This was done in the twelfth year of his [Adaldag's] archbishopric'). In ÓlTr it does not say how many years passed from when Bishop Huno baptized King Fróði and the people of Denmark and the churches were built until the bishops were ordained; it only says: 'Eptir þat sendi Fróði menn til Rómaborgar [. . .].' But the establishment of the sees in Denmark is dated 'níu hundruðum fiórum tigum ok átta árum eptir holdgan várs herra Iesú Kristí, á tólfta ári konungdóms Ottónis ens mikla.' Otto I was emperor 936–73 and the twelfth year of his 'kingship' was 948. Adam of Bremen, however, dates it to the twelfth year of Archbishop Adaldag (937–88).

(31) When it says here that the List of Kings was departed from 'er þeir réðu fyrir Danmǫrk Sigfrøðr ok Hálfdan' it presumably means that the section 'Rimbertus — Ottónis ens mikla' (6.12–7.11 above) is not derived from the source here referred to as 'konungatal'. Presumably the kings whose names appear in this section, Sigfrøðr, Guðfrøðr and Fróði, were not named in this 'Konungatal', but all those named from here on, Helgi, Óláfr, Gyrðr, Knútr (Gnúpa) and Siggeirr (Sigtryggr), were.

(32) Adam of Bremen calls Helgi, king of the Danes, Heiligo, and quotes Sveinn Úlfsson king of the Danes for the information about his successor: 'Successit illi Olaph, qui veniens a Sueonia regnum optinuit Danicum vi

et armis, habuitque filios multos, ex quibus Ghnob et Gurd regnum optinuerunt post obitum patris' (Quellen XI 218.17–20: 'He was succeeded by Óláfr, who came from Sweden and gained the Danish kingdom by force of arms. He had many sons, of whom Gnúpa and Gyrðr held the kingdom after their father's death'). Also from Sveinn Úlfsson: ' "Post Olaph", inquit, "Sueonum principem, qui regnavit in Dania cum filiis suis, ponitur in locum eius Sigerich. Cumque parvo tempore regnasset, eum Hardegon, filius Suein, veniens a Nortmannia privavit regno" ' (Quellen XI 224.11–14: ' "After Óláfr," he said, "the ruler of the Swedes, who reigned in Denmark with his sons, there was appointed in his place Sigerich [Sigtryggr]. And when he had ruled a short time, Hardegon, son of Sveinn, came from Norway and deprived him of the kingdom" '). Óláfr who came from Sweden (and who ÓlTr and Adam of Bremen agree fought against Helgi and ruled Denmark long after) is possibly derived from the same sources as Óláfr Kinriksson, see note 37 below.

(33) The king who is here called Knútr is in Widukind's Saxon Chronicle called Chnuba, but Ghnob by Adam. Adam calls Gyrðr and Siggeirr Gurd and Sigerich. The names of these kings in ÓlTr were originally taken from a work in Latin. Gyrðr is probably correctly named, but the ones who in ÓlTr are called Knútr and Siggeirr were in fact called Gnúpa and Sigtryggr. Both their names appear on a runestone found near Gottorp in 1887: 'Ásfríðr gørði kumbl þessi dóttir Óðinkárs eft Sigtrygg konung sun sinn auk Gnúpu' (cf. Johs. Brøndum-Nielsen, 'Danske Runeindskrifter', Nordisk kultur VI 127). Later in ÓlTr (10.32) Gnúpa is correctly named.

(34) With Chapter 61 the sources that were used in Chapter 60 are put aside.
It is clear from the beginning of Chapter 61 that the story is here being taken up using a source which has previously told of the forebears of Sigurðr hringr, and it appears from what is here said of Ívarr víðfaðmi, his grandson, Haraldr hilditǫnn, and Haraldr's nephew, Sigurðr hringr, that this same source was also used in Sǫgubrot af fornkonungum and in the genealogy which preceded Ágrip af sǫgu Danakonunga in manuscript (see ÍF XXXV 46–71 and 325–26; Ólafur Halldórsson 1990, 77–78 and 90–91).

(35) In Sǫgubrot af fornkonungum this is said about the rule of Haraldr hilditǫnn in England: 'Hann lagði undir sik þann hlut Englands, er átt hafði Hálfdan snjalli ok síðan Ívarr konungr' (ÍF XXXV 57).

(36) Ingjaldr brother of the king of the West Saxons is described as follows

in the English regnal list which is preserved in a copy by Árni Magnússon of a manuscript that had belonged to P. H. Resen (Resensbók), and was burned in 1728: 'Ingeld brod*er* vestr | Saxa k*o*nungs. h*a*nn v*a*r k*o*nungr | xxxvi. h*a*nn let gora || mustari i Glestin-|ga bvri. siðan fo-|ro þe*i*r bad*er* t*il* rv*m*s | oc ǫnduðuz þar | þessi ero nofn | langfeðga þe*i*ra. | Ioppa | Eava [. . .]' (AM 1 e β II fol., 85v–86v). On these kings Árni later wrote the memorandum (same manuscript, 82r): '<u>Ingeld</u> þesse, broder Vestr Saxa kon*u*ngs, ã ad vera sa Ingialldr sem fiell f*y*r*ir* Sigurdi Ringi (vide <u>Olafs Sǫgu</u> Tr. sonar) hvers sonarson Eava utflæmdi Olaf Kinreksson. VestSaxa kon*u*ngrinn, broder Ingealldz, ã ad vera Inas Rex Visi Saxonum et Monarcha Angliæ qvi vixit 689–727. Et illius Inæ frater reverâ erat Ingesilus, Eoppæ pater.'

In Resensbók and ÓlTr the king of the West Saxons, brother of Ingeld, is not named. In the Anglo-Saxon regnal list which was translated and used in Resensbók, he is called Ine (Faulkes 1977, 179). He is also mentioned in the *Anglo-Saxon Chronicle*, first under the year 688, where it is said that he became king and ruled 37 years, and under 726 it is said that he went to Rome. His brother Ingild is said to have died in 718. He is never called king in the Chronicle and nothing is said of him other than that he was Ine's brother and father of Eoppa father of Eafa (*Anglo-Saxon Chronicle* I 4 and s. a. 718, 855). There are no sources for his having at any time been king in Northumbria. His son and grandson, who are called Ubbi and Eava in ÓlTr, are only named in genealogies and in the *Anglo-Saxon Chronicle*. It may be considered certain that the compiler of the source of ÓlTr found the names of these people in some source of Anglo-Saxon origin and made them into kings of Northumbria, but failed to realise that Ingild, brother of Ine, king of the West Saxons, died in 718, when neither Danes nor Norwegians had begun to raid in England and Sigurðr hringr had not yet been born — if indeed he ever had any existence except in books.

(37) Óláfr, who in ÓlTr is said to be 'son Kinriks þess er sagt er at væri bróðurson Móaldar digru, móður Ívars víðfaðma', and who is later said to have been made ruler of Jutland by Sigurðr hringr, is probably derived from the same sources as the Óláfr who in Adam of Bremen and ÓlTr is said to have slain Helgi king of the Danes. Móǫld digra, who in ÓlTr is said to have been the mother of Ívarr víðfaðmi, is included by Arngrímur lærði in a genealogy in *Rerum Danicarum fragmenta* (Bibl. Arn. IX 353). Arngrímur may have got the name from ÓlTr (Olrik 1894, 146), but it is more likely that Arngrímur's sources and those of the compiler of ÓlTr

were related (Bibl. Arn. XII 239–40). The name itself, Móǫld, must be English. In a Marian miracle story (MarUnger 200) it is used of the mother of Thomas à Becket, who in *Thómas saga* is called Maild (ThomUnger 297, ThomEM I 12). As far as I know this name is found nowhere else than in these sources.

In Chapter 61 of ÓlTr Sigurðr hringr and Óláfr Kinriksson are made contemporaries, and it looks as though the compiler of this text neglected to compare their genealogies. In the form of a family tree, they are like this (X and Y represent the father and brother of Móǫld digra):

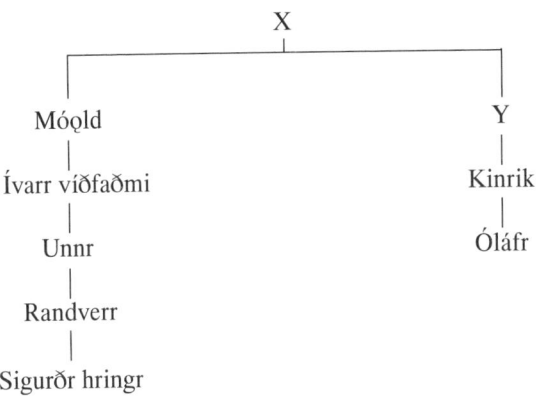

According to the text of ÓlTr Óláfr Kinriksson was no older than Sigurðr hringr, which is not very likely, if there were two generations between them.

(38) In ÓlTr it is stated that Óláfr Kinriksson was tributary king in Jutland and was called Óláfr enski. From him are descended other tributary kings there: Óláfr enski → Grímr grái → Auðúlfr ǫflgi → Gormr heimski. The first three have names and nicknames that alliterate together, which arouses the suspicion that they have the same origin as the alliterating names and nicknames of many of the heroes that in *Sǫgubrot af fornkonungum* are said to have taken part in the Battle of Brávellir. Auðúlfr's name may have been derived from the same English regnal list as Ingjaldr, Ubbi and Eava. In Árni Magnússon's copy of the regnal list in Resensbók, 'Aðvlf' is the third name after Eava, and Árni identifies him in a parenthesis after his name with 'Ethelwlfus', i. e. Æthelwulf king of the West Saxons 839–58, who was a great fighter of battles, whom it is not improbable that the Danes may have called 'the Powerful', for according to the *Anglo-Saxon*

Chronicle he fought against heathens (i. e. Danes) in 851, and there were greater losses in their army than the writer of the annal had ever heard of. But he was never tributary king in Jutland. The Gormr who is the last of the descendants of Óláfr enski and called 'the Foolish' was presumably in the regnal list that is here being followed taken to be the same person as Gormr the Old, father of Haraldr blátǫnn; this is implied by his nickname 'hinn heimski', which recalls the comment on Gormr the Old in Chapter 63 of ÓlTr: 'En ekki var hann kallaðr vitr maðr eptir því sem verit hǫfðu hinir fyrri frændr hans.' And in Jvs7, where there is an eclectic text, it says of Gormr: '[. . .] sá var fyrst kallaðr Gormr hinn heimski, en þá er hann var roskinn Gormr hinn gamli eða hinn ríki' (Blake 1962, 2.6–7).

The section that comes next in ÓlTr must be derived from a different source from that which has just been discussed.

(39) The section about King Gormr and Knútr fundni in Chapters 61 and 62 of ÓlTr has the same origin as the beginning of *Jómsvíkinga saga* (Jvs291, Jvs7, JvsFlat and JvsAJ), but even so there is much variation between the texts. In *Jómsvíkinga saga* king Gormr is first introduced into the story, then his two followers, Hallvarðr and Hávarðr (later on in the text said to be brothers; Norwegians in JvsAJ), and after them Arnfinnr jarl in Saxony, who had a child with his own sister. He sent her away with some trusted followers who, when the child was born, took it into the area ruled over by King Gormr and left it in the forest called Myrkviðr. There the boy-child was found by Hallvarðr and Hávarðr who brought it to King Gormr. In ÓlTr King Gormr sends his thralls to Holstein to buy wine and on the way back through the forest of Myrkviðr they find the child and bring it to King Gormr. In Jvs the jarl's trusted followers put the child at the foot of a tree, and it seems that they hid in the forest to see what became of the child but then they disappear from the story. In ÓlTr King Knútr holds an assembly and promises wealth and power to anyone who can tell him of his ancestry. Later two men come to him and say they are thralls of a jarl in Saxony, though from their words it appears that they had been both thralls and trusted followers of Jarl Armfermir of Holstein who had a child with his sister and entrusted it to these thralls of his to be destroyed. They took the child into the forest of Myrkviðr and laid it down under the roots of a tree. In both versions the way the child had been fitted out is described, in Jvs: 'Þeir fundu þar sveinbarn; þat var lagt undir viðarrœtr ok knýttr knútr mikill í enninu á silkidregli er þat hafði um hǫfuðit. Þar var í ørtugar gull. Barnit var vafit í guðvefjarpelli'; in ÓlTr: 'Þeir fundu þar barn sveipat líndúk. Dúkrinn var knýttr saman á brióstinu.

En er þeir leystu knútinn, váru þar í þrír gullhringar. Barnit var vafit undir í silkidúk.' In both versions it says that King Gormr gave the child a name and called it Knútr ('knot') from the knot that had been tied on him and bequeathed him his kingdom after his death.

There is no more satisfactory explanation than that the same story lies behind both these versions, that is the tale of the foundling boy who becomes the leader and saviour of his people (like Moses in the Bible), or a king and ancestor of kings (like Scyld Scefing in *Beowulf*, who became the ancestor of the Scyldings or Skjǫldungar; see Stith Thompson, *Motif-Index* L 111.2.1, R 131.11.2, S 354). The boy's father is called Arnfinnur in Jvs and in two manuscripts of ÓlTr, B and C², but Armfermir in A and Arnfermir in C¹, and said to be jarl in Saxony in Jvs, but in Holstein in ÓlTr. In Jvs it says that Jarl Arnfinnur was subject to Charlemagne, which implies that the story of the origin of Knútr fundni was originally written in a book where nothing was said of the kings who are named before Knútr in ÓlTr, and are assumed there to have lived long after the time of Charlemagne. In Jvs it is stated that King Gormr and Jarl Arnfinnr were good friends, 'hǫfðu verit fyrr í víkingu báðir samt'. This is stated as an explanation of why the jarl's trusted followers took the child into the forest of Myrkviðr, which is assumed to have been in King Gormr's kingdom. In ÓlTr the explanation is more problematic. There the men who told Knútr fundni of his descent say they are thralls of a jarl in Saxony, but have previously been thralls and trusted followers of the Jarl Armfermir in Holstein, who had the child with his own sister. Here the jarl in Saxony has slipped in from the original source even though he has no business in this version of the story. Something else that has slipped in from the original source in ÓlTr is the remark of the Saxon thralls that they have been trusted followers of Jarl Armfermir in Holstein. In Jvs the child is obviously deposited in such a way that it will be found and an eye kept on its fate. In ÓlTr the thralls are charged to destroy the child, but nevertheless the detail is retained from the original version of the tale that the child was according to the thralls 'sveipat silkidúkum ok knýtt útan at líndúki ok þar í knýttir þrír gullhringar', — that is, the child had been disposed of with the intention that it should be found even though it had previously been said that the thralls were to destroy it. The account in Jvs is closer to what is said in the Bible about Moses, who was deposited in a place where it was likely that he would be found, an eye being kept on him to ensure that this happened. This indicates that in this respect Jvs is closer to the original than ÓlTr. In Jvs the child is found when King Gormr and all his followers go into the forest to enjoy themselves, 'ok fóru at dýrum, aldini ok fuglum', but the brothers, Hallvarðr and Hávarðr, get left behind in the forest when the others go back home: 'En fyrir myrkrs sakir, þá fátu þeir eigi heim ok sneru þá leið sinni til sióvar ok þóttuz vita at þeir mundi feta heim ef þeir fylgdi sióvarstrǫndu, þvíat borg konungsins var skammt frá sió, er mǫrkin gekk fram allt at sió. Ok þá er þeir gengu um sióvarsanda ok at melum nǫkkurum, þá heyra þeir barnsgrát [. . .] Þeir fundu þar sveinbarn [. . .]' Here the reader of the saga is provided with a description of the landscape, and some gravel banks ('melar nǫkkrir') are introduced as a suitable place for the jarl's trusted followers to deposit the child in, while earlier it is stated that Gormr and his men went into the forest 'í allgóðu veðri', which explains both how the child survived and how the brothers were able to hear the child's crying. In ÓlTr King Gormr's thralls find the child when they are coming back from Holstein with wine on many horses and they stop for the night in the forest Myrkviðr. It is stated that the weather was calm, doubtless as an explanation of how the thralls heard the child's crying while they were awake in the night, though they did not go to look for the child until it was light, so it is to be assumed that the child survived crying the whole night. In ÓlTr the child is brought from Holstein and abandoned, apparently not far from the public road. In Jvs it appears that the child was brought from Saxony, even though it is not expressly stated. It is natural for the reader of the saga to assume that the jarl's trusted followers took the child on a ship, and that is how they came to deposit it on gravel banks near the shore. In ÓlTr the reader knows nothing about the origin of Knútr fundni until the Saxon thralls tell him about his parents. Here a narrative technique is used that is very common in tales: what is left unsaid at the beginning of a narrative is explained later in a story that someone is made to tell in direct speech. From consideration of all these differences it seems to me unmistakable that in ÓlTr the text has been rewritten and is further from the original source than that in Jvs.

(40) At the end of Chapter 62 of ÓlTr there is a passage that includes details of the successors of Gormr heimski: Þræla-Knútr, his son Gormr, and Hǫrða-Knútr son of Sigurðr ormr í auga and King Ella's daughter Blæja. King Ella has not been named before in ÓlTr, nor his daughter Blæja either, and it is not mentioned until the beginning of the next chapter that Ella was king in England. It is doubtless Ælle king in Northumbria that is meant, who according to the *Anglo-Saxon Chronicle* fell in battle against heathens (i. e. Danes) in 867. Ella's daughter Blæja is nowhere mentioned in English sources. The kings who appear in this passage, their names and descent, together with King Ella and his daughter

Blæja, turn up again in Chapter 63, but in a different connexion, see the text of ÓlTr below, p. 54, lines 12–14; the explanation of Hǫrða-Knútr's name, 'þvíat þar heitir á Hǫrð á Iótlandi sem hann var fœddr', is lacking there. This explanation is probably derived from oral sources. This is confirmed by the fact that Sven Aggeson includes the same explanation of the name of Hǫrða-Knútr, son of Knútr inn ríki: 'quem cognomine Durum uulgo nominabant, non quod austerus uel crudelis extiterit, uerum inde, quod tale prouincie nomen extiterit, ex qua natalem duxit originem' (SMHDMÆ I 123.19–22; Christiansen, Eric 1992, 64 and 125: 'he was given the surname Hard: it was a name he got not because he was harsh or inhuman, but because there was a province of the same name from which he came originally by birth'). The place-name Hǫrð does not exist and has never existed in Jutland except as the first element of 'Harthesysæl' (written thus *Kong Valdemars Jordebog* f. 9v, now Hardsyssel). According to *Nudansk Ordbog* this first element is genitive of the name of the inhabitants, *harthar, which is taken to be derived from Old Danish *harth, the same word as Old High German *hart* and Old English *haraþ, hared* (in place-names), used of forests, see pp. 88–89 below.

(41) It is obvious that the end of *Ragnarssona þáttr* (Rsþ) in Hauksbók, from 'Eftir' HbFJ 464.8, must be derived from the same source as the text of ÓlTr printed here on pp. 9.26–12.25, 'Þræla-Knútr — síðan.' The text of Rsþ is generally shortened and the order of the material is not the same as in ÓlTr (Olrik 1894, 150–52). Moreover there is a short interpolation from this same source in Jvs7 (Blake 1962, 6.16–7.19, 'Í þann tíma — hann'), which corresponds to 'Eptir — síðan', pp. 11.17–12.25 (ÓlTr lines 46–79 on pp. 55–57 below). Also to be taken into consideration are the last lines that can be read in *Ragnars saga loðbrókar* in AM 147 4to (RagnOlsen, 193–94). Here there are just a few lines of a completely different text from that in the version of *Ragnars saga* that is preserved in NKS 1824b 4to. They correspond to ÓlTr lines 2–7 and Rsþ lines 1–6 below. In 147 the text ends at the bottom of a recto page, and half the last line is blank, which means that either a chapter or the saga itself ended with this line, but the writing on the verso of this leaf is so completely erased that it has not yet been possible to read anything of it. The best way to reveal the relationship between these texts is to print them all in such a way that they can easily be compared:

54 Notes

ÓITr Synir Ragnars loðbrókar váru hermenn miklir. Þeir hefndu fǫður síns ok drápu Ellu konung í Englandi. Gerðiz Ívarr enn beinlausi þá konungr yfir þeim hluta
3 Englands er áðr hǫfðu átt hans ættmenn ok frændr. Hann jók ríki sitt á marga vega. Hann lét drepa hinn heilaga Eatmund konung ok lagði undir sik ríki hans. Svá er sagt at Loðbrókarsynir hafi rekit mestan hernað í forneskiu um ǫll þessi
6 lǫnd: England, Valland, Frakkland, Saxland ok allt út um Lumbarði. Svá kómu þeir fremst at þeir unnu þá borg er Lúna heitir. Ok um hríð ætluðu þeir at vinna Rómaborg. En er þeir kómu aptr í ríki sitt, þá skiptu þeir ríkinu með sér. Tók
9 Biǫrn iárnsíða Uppsalaríki, Svíþióð alla ok hvárttveggia Gautland ok ǫll þau lǫnd er þar liggia til. Sigurðr ormr í auga hafði Eygotaland ok allar eyiar, Skáni ok Halland. Hvítserkr hafði Reiðgotaland ok þar með Vinðland.
12 Sigurðr ormr í auga átti Blæiu dóttur Ellu konungs. Þeira son var Hǫrða-Knútr, sem fyrr er ritat. Hǫrða-Knútr var konungr í Danmǫrk eptir Sigurð fǫður sinn á Selundi ok Skáni.
15 Þá er Hǫrða-Knútr var fulltíði at aldri ok kvángaðr, gat hann son við konu sinni. Þann lét hann heita Gorm eptir Gormi fóstra sínum, syni Knúts hins fundna. Gormr son Þræla-Knúts hafði verit allríkr konungr, þvíat hann helt alla Danmǫrk af
18 Ragnarssonum þá er þeir váru í hernaði. Þá er Gormr son Hǫrða-Knúts óx upp var hann allra manna fríðastr sýnum þeira er menn hǫfðu sét í þann tíma. Hann var mikill maðr ok sterkr ok hinn mesti atgervimaðr um alla hluti. En ekki var hann
21 kallaðr vitr maðr eptir því sem verit hǫfðu hinir fyrri frændr hans.

147 Eptir þessa orrostu geriz Ívarr konungr yfir þeim hluta lands er áðr hǫfðu átt hans ættmenn. Hann jók miǫk <ríki> sitt á marga vega. Svá er sagt at hann léti drepa
3 Iátmund hinn helga ok lagði undir sik ríki hans.
Loðbrókarsynir fóru víða með hernaði um England vestr ok svá víða annars staðar.

Rsþ Eptir þessa orrostu gerðiz Ívarr konungr yfir þeim hluta Englands sem hans frændr hǫfðu fyrri átt. Hann átti þá tvá brœðr frilluborna en annarr hét Yngvarr en annarr
3 Hústó. Þeir pínuðu Iátmund konung enn helga eptir boði Ívars, ok lagði hann síðan undir sik hans ríki.
Loðbrókarsynir fóru um mǫrg lǫnd með hernaði: England ok Valland ok
6 Frakkland ok út um Lumbarði. En svá er sagt at þar hafi þeir framast komit er þeir unnu þá borg er Lúna heitir. Ok um eina stund ætluðu þeir at fara til Rómaborgar ok vinna hana, ok hefir þeira hernaðr frægstr verit um ǫll Norðrlǫnd af danskri
9 tungu. Ok er þeir koma aptr í Danmǫrk í ríki sitt, þá skipta þeir lǫndum með sér. Tók Biǫrn iárnsíða Uppsalaríki ok alla Svíþióð ok þat er þar til heyrir. En Sigurðr ormr í auga hafði Selund ok Skáni ok Halland ok alla Víkina ok Agðir til Líðandis-
12 ness ok mikinn þorra af Upplǫndum, en Hvítserkr hafði Reiðgotaland ok Vinðland.
Sigurðr ormr í auga <átti> Blæiu dóttur Ellu konungs. Þeira son var Knútr er kallaðr var Hǫrða-Knútr, er ríki tók eptir fǫður sinn í Selund, Skáni ok Hallandi,
15 en Víkin hvarf þá undan honum. Hann átti þann son er Gormr hét; hann var heitinn eptir fóstra hans, syni Knúts fundna. Hann helt allt land af sonum Ragnars meðan þeir váru í hernaði. Gormr Knútsson var allra manna mestr ok sterkastr ok enn
18 mesti atgervimaðr um alla hluti, en ekki var hann svá vitr sem verit hǫfðu enir fyrri frændr hans.

Notes

Þá er Gormr var roskinn maðr at aldri fekk hann konu þeirar er Þyri hét. Hún var **ÓlTr**
dóttir Haralds iarls af Iótlandi, er kallaðr var Klakk-Haraldr. Þyri var kvenna fríðust
ok vitrust. Ok þat er mælt at hún hafi verit mestr skǫrungr af konum á Norðrlǫndum. 24
Hún var kǫllut Þyri Danmarkarbót. Klakk-Haraldr iarl var kallaðr vitrastr þeira
manna er þá váru í Danmǫrk. En síðan er Gormr tók konungdóm ok ríki eptir
Hǫrða-Knút fǫður sinn, þá hlítti hann miǫk ráðum Haralds iarls mágs síns ok Þyri 27
konu sinnar.

Gormr konungr fór með her sinn í þat ríki Danmarkar er þá var kallat Reiðgota-
land, en nú er kallat Iótland, á hendr þeim konungi er þá réð þar fyrir. Sá var 30
nefndr Gnúpa. Þeir áttu saman nǫkkurar orrostur. En svá lauk at Gormr felldi þann
konung ok eignaðiz allt hans ríki. Því næst fór Gormr á hendr þeim konungi er
Silfraskalli var kallaðr ok átti við hann ófrið ok orrostur, ok hafði Gormr konungr 33
iafnan sigr, ok um síðir felldi hann þann konung. Eptir þat gekk hann upp á Iótland ok
fór svá herskildi, at hann eyddi ǫllum konungum allt suðr til Slés, ok svá vann hann
ríki mikit í Vinðlandi. Margar orrostur átti hann við Saxa ok gerðiz enn ríkasti konungr. 36

Gormr konungr gat tvá sonu við konu sinni Þyri. Hét hinn ellri Knútr, en hinn
yngri Haraldr. Knútr Gormsson var allra manna fríðastr ok fegrstr sýnum er menn
hafi sét. Hann var ok svá þokkasæll, fyrst at upphafi, at konungr unni honum 39
umfram alla menn, ok þar með var hann svá skapfelldr ǫllu landsfólkinu, at hvert
barn unni honum. Hann var kallaðr Knútr Danaást. Haraldr var líkr móðurfrændum
sínum. Þyri móðir hans unni honum eigi minna en Knúti. 42

Ívarr enn beinlausi var konungr í Englandi langa æfi. Hann átti ekki barn, þvíat
svá segiz at hann hefði til þess enga fýst né eðli, en eigi skorti hann spekð né
grimmð. Hann varð ellidauðr þar á Englandi ok var þar heygðr. Þá váru dauðir 45
allir Loðbrókarsynir. Eptir þat tók konungdóm í Englandi Aðalmundr Iáthgeirsson,
bróðurson Eatmundar hins helga, ok kristnaði hann víða England ok tók skatt af
Norðimbralandi, er heiðit var. Eptir hann varð konungr Aðalbrikt. Hann var góðr 48
konungr ok varð gamall.

Gormr tók konungdóm eptir fǫður sinn. Hann fekk Þyri er kǫlluð var Danmarkar- **Rsþ**
bót, dóttur Klakk-Haralds er konungr var í Iótlandi. En er Haraldr var andaðr, þá 21
tók Gormr þat ríki allt undir sik.

Gormr konungr fór með her yfir allt Iótland ok eyddi ǫllum neskonungum allt
suðr til Slés, ok svá vann hann mikit af Vinðlandi, ok margar orrostur átti hann við 24
Saxa ok gerðiz hann enn ríkasti konungr.

Hann átti tvá syni; hét enn ellri Knútr, en Haraldr enn yngri. Knútr var allra
þeira manna fegrstr er menn hafa sét. Konungr unni ‹honum› umfram hvern mann 27
ok þar með ǫll alþýða. Hann var kallaðr Danaást. Haraldr líktiz í móðurætt sína,
ok unni móðir hans honum eigi minna en Knúti.

Ívarr enn beinlausi var lengi konungr í Englandi. Hann átti ekki barn, þvíat 30
hann var svá skapaðr at honum fylgði engi girnð né ást, en eigi skorti hann spekð
eða grimmð, ok varð hann ellidauðr á Englandi ok var þar heygðr. Þá váru allir
Loðbrókarsynir dauðir. Eptir Ívar tók konungdóm í Englandi Aðalmundr; hann 33
var bróðurson Iátmundar ens helga, ok kristnaði hann víða England. Hann tók
skatta af Norðhumrulandi, þvíat þat var heiðit. Eptir hann tók konungdóm son
hans er Aðalbrigt hét. Hann var góðr konungr ok varð gamall. 36

ÓlTr Á hans dǫgum ofarliga kom Danaherr til Englands, ok váru þeir brœðr hǫfðingiar
51 fyrir liðinu, synir Gorms hins gamla, Knútr ok Haraldr. Þeir heriuðu víða um
Norðimbraland ok lǫgðu undir sik margt fólk. Tǫlðu þeir þat arftekiulǫnd sín er
átt hǫfðu Loðbrókarsynir ok aðrir áðr margir þeira forellrar. Aðalbrikt konungr
54 hafði liðsamnað mikinn ok fór móti þeim. Hann hitti þá fyrir norðan Kliflǫnd ok
drap af Dǫnum margt manna. Nǫkkuru síðar gengu Gormssynir upp við Skarðaborg
ok bǫrðuz, ok þar hǫfðu Danir sigr. Eptir þat fóru þeir suðr með landi ok ætluðu til
57 Iórvíkr. Gekk þar undir þá allt fólk. Uggðu þeir þá ekki at sér.
    Einn dag var skin heitt, ok fóru menn á sund milli skipanna. En er konungar
váru á sundinu, þá hlióp menn af landi ofan ok skutu á þá. Var þá Knútr lostinn
60 ǫru til bana. Þeir tóku líkit ok fluttu út á skip. En er þetta spurðu landsmenn, þá
dróz þegar herr mikill saman. Ok því næst kom Aðalbrikt konungr, ok sneriz þá til
hans allt þat fólk sem áðr hafði gengit undir Dani. Síðan náðu Danir hvergi
63 landgǫngu fyrir samnaði landsmanna. Fóru Danir þá brott ok heim til Danmerkr.

Rsþ Ofarliga á hans dǫgum kom Danaherr til Englands, ok váru formenn hersins
Knútr ok Haraldr, synir Gorms konungs. Þeir lǫgðu undir sik mikit ríki í
39 Norðhumrulandi, þat er Ívarr hafði átt. Aðalbrigt konungr fór móti þeim, ok bǫrðuz
þeir fyrir norðan Kliflǫnd, ok fell þar mart af Dǫnum. Ok nokkuru síðar gengu
Danir upp við Skarðaborg ok bǫrðuz þar ok fengu sigr. Síðan fóru þeir suðr til
42 Iórvíkr, ok gekk þar undir þá allt fólk, ok uggðu þeir þá ekki at sér.
    Ok einn dag er heitt veðr var fóru menn á sund, ok svá sem konungssynir váru
á sundi millim skipanna hlupu menn af landi ofan ok skutu á þá. Var þá Knútr
45 lostinn ǫru til bana, ok tóku þeir líkit ok fluttu út á skip. Ok er landsmenn spyria
þetta, samnaz þeir saman, svá at síðan fá Danir engar uppgǫngur sakir samnaðar
landsmanna ok fara síðan heim aptr til Danmarkar.

Jvs7 Í þann tíma réð Aðalsteinn konungr Englandi. Hann var góðr konungr ok gamall.
Á hans dǫgum ofarla kom Danaherr í England, ok váru synir Gorms konungs
3 hǫfðingiar fyrir, Knútr ok Haraldr. Þeir heriuðu víða um Norðrimbraland ok lǫgðu
undir sik mikit ríki ok tǫlðu þat arftekinn hluta sinn er átt hǫfðu Loðbrókarsynir
ok aðrir þeira forellrar. Aðalsteinn konungr hafði liðsafnað mikinn ok fór í mót
6 þeim brœðrum ok hitti þá fyrir norðan Kliflǫnd ok drap hann fiǫlða af Dǫnum.
Nǫkkuru síðar gengu þeir upp Gormssynir um Skarðaborg ok bǫrðuz þar, ok hǫfðu
Danir sigr. Eptir þat ætluðu þeir til Iórvíkr suðr, ok gekk þá allt fólk undir þá.
9 Uggðu þeir þá ok ekki at sér.
    Einn dag er heitt skin var á fóru menn á sund milli skipanna ok konungar báðir.
Þá hliópu menn af landi ofan ok skutu á þá. Þá var Knútr lostinn ǫru til bana, ok
12 tóku þeir líkit á skipit. En er þetta spurðu landsmenn, þá dróz þegar saman herr
óvígr. Ok því næst kom Aðalsteinn konungr, ok sneriz þá til hans allt fólk þat er
áðr hafði gengit undir þá Knút, ok eptir þat fá Danir engar uppgǫngur fyrir liðsafnaði
15 landsmanna. Ok eptir þat fóru Danir aptr til Danmerkr.

Notes

Gormr konungr var þá staddr á Iótlandi. Haraldr fór þegar á hans fund ok sagði **ÓlTr**
móður sinni tíðendin. Gormr konungr hafði þess heit strengt at hann skyldi deyia
ef hann spyrði fráfall Knúts sonar síns, ok svá sá er honum segði dauða hans. Þá   66
lét Þyri tialda hǫllina grám vaðmálum. En er konungr kom til borðs, þá þǫgðu
allir þeir er inni váru. Þá mælti konungr: 'Hví þegia hér allir menn? Eru nǫkkur
tíðendi at segia?' Þá svarar drottning: 'Þér, herra, áttuð hauka tvá; var annarr hvítr,   69
en annarr grár. Hinn hvíti haukrinn hefir flogit langt á eyðimǫrk. Ok er hann sat á
tré nǫkkuru, kómu margar krákur ok plokkuðu hann svá at allar fiaðrar eru af
honum, ok er nú ónýtr fuglinn. En hinn grái haukr er aptr kominn, ok mun hann nú 72
drepa fugla til borðs yðr.' Þá mælti konungr: 'Svá drúpir nú Danmǫrk sem dauðr
sé Knútr son minn.' Þá svaraði drottning; 'Sǫnn munu þessi tíðendi er þér segið,
herra.' Sǫnnuðu þat þá allir þeir er inni váru.   75
Þann sama dag tók Gormr konungr sótt ok andaðiz annan dag at iafnlengðinni.
Þá hafði hann verit konungr tíu tigi vetra. Haugr mikill var orpinn eptir Gorm
konung. Þá var tekinn til konungs yfir Danaveldi Haraldr son hans, ok var hann   78
lengi konungr síðan.

Gormr konungr var þá á Iótlandi. Ok er hann spurði þessi tíðindi, þá hné hann   **Rsþ**
aptr ok sprakk af harmi annan dag eptir at iamlengð. Þá tók konungdóm eptir hann
yfir Danaveldi Haraldr son hans. Hann tók fyrstr trú ok skírn sinna ættmanna.   50

Þá var Gormr konungr staddr á Iótlandi. Haraldr fór þegar þangat ok sagði móður **Jvs7**
sinni tíðendi. En Gormr konungr hafði þess heit strengt at hann skyldi deyia ef
hann spyrði fall Knúts sonar síns, ok svá sá er honum segði. Þá lét dróttning tialda 18
hǫllina grám vaðmálum. En er konungr kom til borðs, þá þǫgðu allir þeir er inni
váru. Þá mælti konungr: 'Hví þegia allir menn? Eru nǫkkur tíðendi at segia?' Þá
segir dróttning: 'Herra, þér áttuð tvá hauka, annarr hvítr, en annarr grár. Hinn hvíti 21
h(cfir) flogit langt í eyðimǫrk. Þar kómu at honum krákur margar ok plokkuðu
hann svá at allar fiaðrar váru af honum reyttar. Ok nú er hinn hvíti fólginn, en hinn
grái aptr kominn, ok mun hann nú drepa fugla til borðhalds yðr.' Þá mælti Gormr 24
konungr: 'Svá drúpir Danmǫrk sem dauðr sé Knútr son minn.' Þá s(varaði)
dróttning: 'Sǫnn munu vera þessi tíðendi er þér segið, herra.' Ok sǫnnuðu þat þá
allir er inni váru.   27
Þann sama dag tók Gormr konungr sótt ok andaðiz annan dag at iafnlengð. Þá
hafði hann verit konungr tíu tigi vetra. Haugr mikill var orpinn eptir hann.

It is clear, if the beginnings of these texts are compared, that sometimes it is ÓlTr and sometimes Rsþ that is closer to 147, which indicates that the text of the original source is best preserved in 147, and has been changed in both ÓlTr and Rsþ. In ÓlTr the alteration arises from the fact that in it the account of the battle which the sons of Ragnarr loðbrók had with King Ella is not included, but just alluded to in the sentence, 'Þeir hefndu fǫður síns ok drápu Ellu konung í Englandi.' On the other hand the passage ÓlTr lines 2–4: 'Gerðiz — hans' is almost identical in ÓlTr and 147. The chief difference is that ÓlTr has (line 4): 'Hann lét drepa', but 147 (line 2): 'Svá er sagt at hann léti drepa'. In Rsþ the corresponding lines are changed, but the initial words 'Eptir þessa orrostu' are the same in Rsþ and 147. Finally, the sentence 'Loðbrókarsynir fóru víða með hernaði' in 147 is closer to the text of Rsþ (line 5) than ÓlTr (lines 5–6), but it is worth noting that the corresponding text in ÓlTr begins with the same words ('Svá er sagt at') as the sentence in 147 lines 2–3: 'Svá — hans'.

It has been asserted that the passages in Rsþ and Jvs7 printed here were included in these works from ÓlTr (Bjarni Guðnason 1982, xlv; Krijn 1914, 13–14). But the few lines in 147 show that in fact this cannot be the case. If the texts of 147 and Rsþ were derived from ÓlTr it would be necessary to assume an intermediate link between them and ÓlTr from which the common introductory words of these two texts were derived. Rsþ in Hauksbók was probably written during the years 1306 to 1308 (Stefán Karlsson 1964, 114–21), and any intermediate link between Rsþ and ÓlTr would have to have been somewhat earlier. It would then hardly be possible to assume that ÓlTr was later than about 1300, and that is not unproblematic. There is also the fact that in all three texts, 147, Rsþ and Jvs7, there are a few departures in common from the text of ÓlTr that cannot be traced to any of the surviving manuscripts of the saga (Ólafur Halldórsson 1990, 75–76). The examples are these (ÓlTr] 147, Rsþ, Jvs7; references to the line numbers of the text in ÓlTr):

1–2 Synir — Englandi] Eptir þessa orrustu *147, Rsþ*.   2 enn beinlausi] ÷ *147, Rsþ*. 4 hinn heilaga Eatmund konung] Iátmund hinn helga *147*, Iátmund konung enn helga *Rsþ*.   5–6 Svá — lǫnd] Loðbrókarsynir fóru víða (um mǫrg lǫnd *Rsþ*) með hernaði *147, Rsþ*.   51 synir Gorms hins gamla] synir Gorms konungs *Rsþ, Jvs7*. 52 margt fólk] mikit ríki *Rsþ, Jvs7*.   56–57 Eptir — Iórvíkr] Síðan fóru þeir suðr til Iórvíkr *Rsþ*, Eptir þat ætluðu þeir til Iórvíkr suðr *Jvs7*.   60 Þeir tóku líkit] ok tóku þeir líkit *Rsþ, Jvs7*.   76 iafnlengðinni] iamlengð *Rsþ*, iafnlengð *Jvs7*.

Rsþ 2–3 'Hann — Ívars' is not derived from the same source as ÓlTr and 147. Those who are said to be the bastard brothers of Ívarr beinlausi, 'Yngvarr en annar Hústó', are by William of Malmesbury called 'Hinguar et Hubba', and they have the same names in Abbo's Life of Edmund (Hubba, however, is also called Ubba: Winterbottom 1972, 4–6 and 71 ff.), but they are not said to be brothers in these works. It is not easy to say how or when Hubba became the Hústó of Rsþ, but presumably the originator of this sentence in Rsþ did not find the names of Yngvarr and Hubba in sources about the sons of Ragnarr loðbrók and so made them the bastard brothers of Ívarr beinlausi. A. H. Smith pointed out in his article 'The Early Literary Relations of England and Scandinavia', which appeared in *Saga-Book* XI:3 (1936), 215–32, that the compiler of the text of Rsþ did not realise that Ingvar is the Anglo-Saxon form of the name Ívarr: 'As we know from English chronicles St. Edmund was slain by Ingwar and Hubba, but Ingwar is merely an Old English form of the name Ivar; the compiler of the *Þáttr* did not recognise this and so related Yngvar to Ivar by natural kinship' (p. 230).

It looks as though the story that these texts are derived from had been constructed from discrepant sources. In Chapter 61 of ÓlTr the kings who are made descendants of Óláfr enski are said to have ruled in Jutland. At the end of Chapter 62 it is stated that Hǫrða-Knútr son of Sigurðr ormr í auga was born in Hǫrð in Jutland, and the text can hardly be understood in any other way than that his foster-father Gormr, son of Þræla-Knútr, was king there. On the other hand it says in Chapter 63 (ÓlTr 13–14) that Hǫrða-Knútr was king in Selundr and Skáni, which accords with what is later said of his son Gormr the Old, that he 'fór með her sinn í þat ríki Danmarkar er þá var kallat Reiðgotaland, en nú er kallat Iótland' (ÓlTr 29–30). In Rsþ the text is shortened, but there also Gormr's invasion of Jutland is mentioned (Rsþ 23–24). This must be based on a different source from the immediately preceding text, where it is assumed that Gormr the Old was king in Jutland. There is also evident some contradiction between the account of King Gormr's invasion of Jutland and the account of the division of lands among the sons of Ragnarr Loðbrók. On King Gormr's invasion of Jutland it says (ÓlTr 29–30): 'Gormr konungr fór með her sinn í þat ríki Danmarkar er þá var kallat Reiðgotaland, en nú er kallat Iótland [. . .]', but on the division of lands among the sons of Ragnarr Loðbrók it says: 'Sigurðr ormr í auga hafði Eygotaland ok allar eyjar, Skáni ok Halland. Hvítserkr hafði Reiðgotaland ok þar með Vinðland' (ÓlTr 10–11, altered text in Rsþ 10–12). In the former case the text is similar to what is said about Reiðgotaland in the Prologue to Snorra Edda: '[. . .] ok þat heitir nú Iótland, er þá var kallat Reiðgotaland' (SnEFJ 6.10–11). On the other hand the latter corresponds more to the passage in Snorri's *Skáldskaparmál*: 'Í þann tíma var kallat allt meginland, þat er hann (i. e.

Óðinn) átti, Reiðgotaland, en eyiar allar Eygotaland. Þat er nú kallat Danaveldi ok Svíaveldi' (SnEFJ 186.16–18).

Reiðgotaland is mentioned in many places in medieval Icelandic writings, but the name is not always used of the same area. In Hauksbók, in a passage with the heading 'Hér segir frá því hversu lǫnd liggia í verǫldinni', it says, 'En austr frá Pólena er Reiðgotaland ok þá Húnland' (HbFJ 155.23–24), and in *Hervarar saga ok Heiðreks* Reiðgotaland is taken to be in a similar place. The idea that Reiðgotaland was east of Poland is probably older than the assumption that it was an earlier name for Jutland (HkrBA I 35, footnote 2).

(42) What is said in this paragraph about King Gormr, his wife Þyri Danmarkarbót and her father Klakk-Haraldr is based either on Jvs or on a source common to ÓlTr and Jvs. In Jvs291 and Jvs7 Klakk-Haraldr is called jarl and said to rule over Holstein, but in JvsAJ he is 'Rex Holsatiæ' (*Opera* I 90.21). In ÓlTr Haraldr is said to be jarl in Jutland. It is presumably influence from *Heimskringla* when Klakk-Haraldr is said to be ruler of Jutland (HkrFJ I 92–93), though it could be that ÓlTr and *Heimskringla* are based on the same source, which deliberately departed from earlier sources and for the same reason as Hǫrða-Knútr is in ÓlTr made to be born in Hǫrð in Jutland, that is because the compiler of that source wanted the kings of Denmark to be of Danish origin. In ÓlTr and Jvs it is stated that Þyri was called Danmarkarbót. Irrefutable evidence for this nickname of hers is the inscription on the smaller runestone at Jelling: 'Gormr konungr gørði kumbl þessi eft Þyri konu sína Danmarkarbót' (from *Nordisk kultur* VI 126). Is it not more likely that the nickname would have been given to a woman who was not born and bred in Denmark? If her father is correctly named in the sources it must be considered more likely that Klakk-Haraldr did not rule in Jutland, and then one would have to assume that the sources are older that make him ruler in Holstein.

(43) King Gormr's invasion of Jutland is not mentioned in Jvs, nor in fact in any other source than ÓlTr. It is clear that the account of it in ÓlTr is based on an ancient source. This is indicated by the fact that the king in Reiðgotaland is called Gnúpa, for this name occurs accurately, as was said above (note 33), on a runestone. On the other hand Silfraskalli does not appear anywhere else than in ÓlTr. Sophus Bugge supposed that this name might have been used in a poem as a common noun (appellative) of a rich man or king, perhaps Gnúpa himself (Bugge 1895, 375–76). This is of course out of the question, but on the other hand it could be that

Silfraskalli was a nickname, perhaps Gnúpa's. Place-names are the first elements of most nicknames by far that have *-skalli* as the second element. If Silfraskalli was a nickname of this kind, *Silfra-* ought to be genitive of Silfrar, but I have found no evidence of the existence of such a place-name.

(44) The sons of Queen Þyri and King Gormr are introduced into the story in this way in Jvs: 'Þau Gormr konungr ok Þyri áttu tvá sonu, ok hét Knútr enn ellri, en Haraldr enn yngri' (Jvs291 6.20–22). This agrees in substance with ÓlTr and the wording is similar, but not identical. The description of Knútr in ÓlTr also agrees to some extent with Jvs, but his nickname, Danaást, does not appear in Jvs, and neither is it said there that Þyri loved Haraldr no less than Knútr. It is most likely that the same source underlies Jvs and the account on which ÓlTr is here based. This source was an ancient one. This is indicated by the fact that Knútr's nickname, Danaást, appears in Oddr's *Óláfs saga Tryggvasonar* and in *Fagrskinna* (ÓlOFJ 3.16; FskFJ 59.6).

(45) What is said here of Ívarr beinlausi, that he was king in England for a long period, died of old age and was buried in England, agrees for the most part with *Ragnars saga loðbrókar* (RagnOlsen 169.12–26), but it is at any rate not taken from the preserved version of *Ragnars saga*.

(46) The English kings who are named here do not appear in the *Anglo-Saxon Chronicle* nor in any other English sources. There are no sources for St Edmund having had a brother or a nephew, and the person who is here said to have been Edmund's nephew did not introduce Christianity to various parts of England, for England was already fully Christian in the ninth and tenth centuries.

(47) Kliflǫnd, Skarðaborg and Jórvík are mentioned in various accounts of Haraldr harðráði's invasion of England in 1066 and in the same order as here (Hem544 46.4, 44.22 and 47.30, OrknSN 90.11 and 14, MskFJ 267.15 and 17, 270.20, FskFJ 283.23 and 24–25, 285.13, HkrFJ III 196.14 and 16–17, 197.11). Gustav Storm thought that this meant that these place-names in ÓlTr were taken from Snorri Sturluson's account of Haraldr's invasion (Storm 1880 177–80). Kliflǫnd is the Old Norse name for Cleveland in Yorkshire, while Skarðaborg, which appears in more sources than Kliflǫnd, for instance in *Kormáks saga*, is the Old Norse name for Scarborough in Yorkshire, and Jórvík is modern York.

(48) In Jvs291 there is a quite different account of the death of Knútr Danaást. It says there that his brother Haraldr slew him in battle on Christmas Eve (Jvs291 12.11–13.4). In JvsAJ on the other hand it says as here that Knútr was struck by an arrow while he was swimming on a hot summer's day, but there is this difference between the account in JvsAJ and those in ÓlTr, Rsþ and Jvs7, that in JvsAJ it says that the brothers were on a raid in Ireland and had attacked Dublin 'inde solventes in locum, quem Ielldunes vocant [. . .]' (*Opera* I 94.9–10, see *Opera* IV, Chapter IV 16: '[. . .] after that they relaxed in a place called Jǫldunes'). The story of Knútr's death at the hands of a sniper in Ireland is ancient. Saxo Grammaticus had heard of the raid of the sons of Gormr on England and the fall of Knútr in Ireland, but his account of all this is a highly rhetorical fantasy. In ÓlTr, Rsþ and Jvs7 the account of the raid of the sons of Gormr on England is linked with the earlier accounts in the common source of these works of the Danish rule in Northumbria, and most likely the writer of that source departed from earlier accounts so as to provide a natural explanation of the raid of the sons of Gormr on England (*Opera* IV, Chapter IV 17, JvsÓH 19–20). Gormr's son Knútr is mentioned in both *Fagrskinna* and *Heimskringla* and it appears from both that he died young, though they do not say how he died and there is not even a hint that it was Haraldr blátǫnn that killed him. That account appears nowhere else than in the 291-version of Jvs, though that does not necessarily mean that this story cannot be older than the account in other works (JvsÓH 20 and 38).

(49) It is obvious that the same stories lie behind what it says in Jvs291 about Haraldr Gormsson, King Gormr and Queen Þyri after the death of Knútr Danaást as behind the corresponding chapters of ÓlTr, Rsþ and Jvs7. What is common to these sources is this: '[. . .] Gormr konungr hafði þess heit strengt, at hann skyldi þess manns bani verða, er honum segði líflát Knúts sonar síns' (Jvs291 13.10–12). In ÓlTr (65–66) and Jvs7 (17–18) Gormr's vow is extended in the following way, 'at hann skyldi deyia ef hann spyrði fráfall Knúts sonar síns [. . .]'. This is probably an addition by a narrator who had not understood the artistry of the account in the Jvs291-version of Gormr's death, see the next note below. Saxo also mentions this vow of Gormr's; his text is more closely related to the Jvs291-version than to that in ÓlTr: 'Tanta autem maioris filii caritate tenebatur, ut a se occidendum iuraret, qui prior ipsius exitum nuntiasset' (SGD 268.18–19: 'Moreover he had such great love for his elder son that he vowed he would kill whoever first told him of his death'). In both versions Þyri uses the device of telling the king of two hawks, 'annarr

hvítr (alhvítr Jvs291) en annarr grár'. In the Jvs291-version it is Haraldr himself who tells the king about the hawks and that they fought and the white one was killed, and it is not stated there that they were owned by King Gormr, but in the ÓlTr-version it is Þyri who tells him about the hawks, which the king had owned, saying that the white one had flown far into the forest and that there a flock of crows had plucked from it all its feathers. In ÓlTr it does not say explicitly that the white hawk is dead, only 'ok er nú ónýtr (ónýttr *A*) fuglinn'. In place of this Jvs7 (23) has: 'Ok nú er hinn hvíti fólginn [. . .]' This is beyond all doubt the more original text, which has been changed in ÓlTr because the compiler did not understand why Þyri is made to use the word *fólginn*, which could mean both hidden and buried or deposited in a mound (see *Lexicon poeticum* 127), cf. *Ynglingatal* 32 (based on Skjd A): 'Ok buðlung | á Borrói | sigrhafendr | síðan f'lu', and also the inscription on the Karlevi stone on Öland in Sweden: 'Fólginn liggr, hinns fylgðu | (flestr vissi þat) mestar | dæðir, dólga þrúðar | draugr, í þeimsi haugi' (from Jansson 1987, 134). Making Þyri use this ambiguous term precludes King Gormr from accusing her of having told him of his son Knútr's death. In both versions Þyri has the hall hung, in the Jvs291-version 'blám (i. e. black) reflum', and in the ÓlTr-version 'grám vaðmálum'. In Jvs291 (14.9–13) there is this explanation of the queen's procedure: 'Fyrir því gørði hon svá, at þat var hygginna manna ráð í þann tíma, þá er harmsǫgur kómu at eyrum mǫnnum, at segia eigi með orðum, ok gøra þá á þann veg sem nú lét hon gøra.' There is also a reflex of this explanation in Saxo (SGD 268.22–25). In both versions Gormr comments that his son must be dead (see JvsÓH 76.17–23), but in other respects the texts are unrelated, and nothing in the Jvs291-version corresponds to this beautiful sentence in the other version: 'Svá drúpir nú (÷ *Jvs7*) Danmǫrk sem dauðr sé Knútr son minn.'

(50) In ÓlTr and Jvs7 it says that King Gormr became ill (ÓlTr 76, Jvs7 28) when he learned of his son's death and died ('sprakk af harmi' Rsþ 49) the following day 'at iafnlengð'. Presumably the story followed in the Jvs291-version and in SGD is older, in which it says that Gormr died as soon as he himself spoke the words that his son Knútr must be dead, thus fulfilling his vow 'at hann skyldi þess manns bani verða, er honum segði líflát Knúts sonar síns' (Jvs291 13.11–12), he having in effect been the one who told himself of Knútr's death. In the common source of ÓlTr and Jvs7 it must have been said that a great mound was built for Gormr. From this it is clear that the writer of this source had either seen the mounds at Jelling in Jutland or had had accurate information about them.

(51) Chapter 65 of ÓlTr links two sources, the one ending with Chapter 64, the other beginning with Chapter 66. The compiler of ÓlTr has taken the final sentences of Chapter 65 from *Heimskringla* (HkrFJ I 296.3–7), but it is doubtful whether it was he himself who linked two sources with this chapter, see below. What is said of the emperors in this chapter must be derived from a regnal list, parallel to the one that was in Resensbók and is now preserved in Papp. fol. nr. 76, 10v–11r, and Uppsala DG 36, though it does not seem that the list in ÓlTr was taken from Resensbók. The order and the number of years of each emperor's rule agrees with *Annales Wirziburgenses* (MGHSS II 238–47) and probably with other sources unknown to me. There is a similar list, not derived from the same source, in *Veraldar saga* (VerJB 70–72).

(52) The words 'sem fyrr er ritat' may refer to what is said of the sons of Charlemagne's son Louis in Chapter 60, though there it does not say how long Louis's son Louis ruled. In ÓlTr it says here that he ruled 'sextán ár ok tuttugu', and the same length of reign is attributed to him in a copy of Resensbók ('xxxvi ar' Papp. fol. nr. 76, 10v), and this agrees with *Annales Wirziburgenses* and the statement in AF that he began his reign in 840 and died in 876.

(53) The information about Louis's son Charles and his brothers and the length of his reign agrees with these same souces ('ellefu ár', i. e. 876–87).

(54) In Chapter 2 of *Landnámabók* Gormr the Old and Haraldr hárfagri are mentioned along with other rulers who were in power when Iceland was settled, but the wording of ÓlTr does not suggest that it was based on *Landnámabók*, or on Resensbók either. The expression 'Í þann tíma' occurs twice in this chapter. It also occurs in Chapter 84 in a part of the text the origin of which can be traced to *Jómsvíkinga saga*, but otherwise nowhere in the sections of ÓlTr that are printed here. For instance in Chapter 60, we read: 'Á þeim tíma er Karlamagnús var konungr [. . .]'.

(55) Otto III ('hinn ungi') was emperor 983–1002. In the first years of his reign, both Haraldr Gormsson and Jarl Hákon were in power. The final sentence here, 'Var — hauka', is taken from Jvs, cf. Jvs291 22.6–10: 'Ok nú sitia þeir Haraldr konungr ok Hákon iarl nǫkkura vetr í góðum friði, ok er nú friðr milli landanna, Nóregs ok Danmerkr, ok vinátta þeira einkar góð, ok sendir Hákon iarl Haraldi konungi ein misseri sex tigi hauka [. . .]'.

(56) The text of Chapters 66–72 in ÓlTr is an amalgamation of two sources: on the one hand a text that has been taken to be derived from *Ólafs saga Tryggvasonar* by the monk Gunnlaugr Leifsson, and on the other a text of *Heimskringla*. Everything in Chapters 66–72 that ÓlTr has beyond the text of *Heimskringla* and is either derived from another source or is the work of the compiler of ÓlTr is printed here. For comparison with the major part of these texts there are printed here below passages from Chapters 6, 7 and 26 of Jvs291 and the text of AM 310 4to for two sections of ÓlO (ÓlOFJ. 47.8–53.33 and 109.11–112.15). Even though there are considerable differences between the parallel passages in Jvs291, ÓlO310 and ÓlTr there seems to be no other possible conclusion but that they are all derived from the same original source. The text is shortened in ÓlO310 and ÓlTr, but not in the same way in both. This is clearly shown by the fact that sometimes one, sometimes the other, and sometimes both of these texts agree with Jvs291. The following are examples of phrases or whole passages in Jvs291, ÓlO310 and ÓlTr that indicate a common origin:

Jvs291:	ÓlO310:	ÓlTr:
[. . .] keisarinn Ótta strengði þess heit [. . .]	Ótta keisari strengði þess heit [. . .]	Ottó keisari [. . .] strengði þess heit [. . .]
[. . .] ok hefir í hendi spiót eitt mikit gullrekit ok alblóðugt.	[. . .] þá hafði hann spiót í hendi gullrekit, alblóðugt allt.	Hann hafði í hendi mikit spiót gullrekit ok alblóðugt upp at hǫndum.
Í annat sinni þá er ek kem til Danmerkr, þá skal vera annat hvárt, at ek skal kristnat fá Danmǫrk, eða ella láta hér lífit.	Annat sinn er ek kem til Danmerkr skal vera annat hvárt, at ek skal fá kristnat Danmǫrk eða láta hér líf mitt.	[. . .] at annan tíma er ek kem til Danmerkr skal ek geta kristnat land þetta eða láta lífit ella [. . .]
Ótta keisari spyrr þetta, at Hákon iarl er kominn í Danmǫrk at beriaz í móti honum. Hann tekr þá þat ráð, at hann sendir iarla sína [. . .], Urguþriót ok Brimiskiarr, til Nóregs. Þeir hǫfðu tólf kugga hlaðna af mǫnnum ok vápnum, þeirra ørenda at kristna Nóreg, meðan Hákon iarl væri í brautu.	Ótta keisari spyrr at Hákon iarl er kominn í Danmǫrk ok ætlar at beriaz í móti honum. Sendir þá keisari iarla sína, Urguþiót ok Brimisskiar, til Nóregs. Þeir hǫfðu tólf kugga hlaðna af mǫnnum ok vápnum, ok skyldu þeir kristna Nóreg meðan Hákon iarl væri í brottu.	Þá er keisarinn spurði at Hákon iarl var í Danmǫrk ok ætlaði at beriaz í móti honum [. . .], sendi hann iarla sína tvá; hét annarr Urguþriótr en annarr Brimisskiarr; þeir skyldu fara til Nóregs með þriá tigi kugga hlaðna af mǫnnum ok vápnum at kristna þar landit meðan Hákon iarl væri í brottu.

Jvs291:	ÓlO310:	ÓlTr:
[. . .] á var sunnanvindr hvass ok þurrt veðr [. . .]	Sunnanvindr var á hvass ok þurrt veðr.	[. . .] gerði á sunnanvind hvassan ok þurran [. . .]
[. . .] ok síðan brann hvat at ǫðru [. . .]	[. . .] ok brann þá hvat af ǫðru [. . .]	[. . .] at hvat logaði af ǫðru [. . .]
Ok sitr Hákon nú of kyrrt í landinu ok ræðr nú einn fyrir ǫllum Nóregi ok geldr aldregi síðan skatta Haraldi konungi Gormssyni [. . .]	Ok sitr hann nú í friði ok ræðr hann nú einn Nóregi ǫllum ok geldr enga skatta Haraldi konungi [. . .]	Settiz hann þá fyrst um kyrrt. Réð hann nú einn ǫllum Nóregi ok galt aldregi síðan skatt Danakonungi.
[. . .] konungrinn tók veizlu ok drakk með sex hundruð manna.	Sveinn konungr var við sex hundruð manna á veizlunni.	[. . .] Sveinn konungr var á veizlu með sex hundruð manna.
En þá er tuttugu menn eru komnir á miðskipit, þá skal kippa af þeiri bryggiunni [. . .]	Ok er tuttugu menn eru komnir á miðskipit, þá skal kippa þeiri bryggiunni.	En er hann kœmi á miðskipit með tuttugu menn, þá skyldi kippa af þeiri bryggiunni [. . .]
[. . .] ok sér konungrinn nú með vitra manna ráði bragð hans allt [. . .]	[. . .] en þó kallaz hann nú siá allt ráð ok brǫgð Sigvalda.	Konungr þóttiz nú siá allt ráðit þeira Búrizláfs konungs ok Sigvalda.

The following are examples where the texts of ÓlO310 and ÓlTr agree alternately with Jsv291:

Jvs291:	ÓlO310:	ÓlTr:
Í þann tíma ræðr fyrir Saxlandi ok Peitulǫndum Ótta keisari, er kallaðr var Ótta hinn rauði, ok iarlar hans tveir; annarr hét Urguþriótr en annarr Brimiskiarr.	Í þann tíma [. . .], þá réð fyrir Saxlandi ok Peitulandi Ótta keisari. Hann er kallaðr Ótta hinn rauði. Iarlar hans tveir eru nefndir, ok hét annarr Urguþiótr en annarr Brimisskiarr.	Ottó keisari er hinn ungi var kallaðr [. . .]
[. . .] ok slær þar þegar í bardaga [. . .] ok fellr mikit lið af hvárumtveggium, ok þó fleira af keisaranum.	Ok slær þar í bardaga ok fell mart af hvárumtveggium.	Þar fell fiǫlði liðs af hvárumtveggium ok þó fleira af keisaranum.

Jvs291:	ÓlO310:	ÓlTr:
Ok er nátta tók, þá settu þeir þriggia nátta grið á millum sín ok lǫgðu at landi ok bjugguz við hvárirtveggiu. Ok er þriar nætr liðu, þá gingu saman fylkingar [...] ok beriaz nú á landi, ok gengr keisaranum nú þungt bardaginn, ok fell miklu fleira hans lið [...]	÷	En er nátta tók settu þeir þriggia nátta grið til ráðagerðar ok viðrbúnaðar hvárumtveggium. En er þriár nætr váru liðnar, þá gengu á land hvárirtveggiu ok biǫgguz til bardaga. Gengu síðan saman fylkingar [...] Veitti keisaranum þá þungt ok fell miklu fleira hans lið.
Ok þar kømr at hann leggr á flótta undan með lið sitt.	Ok þar kømr at keisari leggr á flótta með sitt lið.	Ok er á leið daginn brast flótti í lið hans [...]
Ótta keisari var á hesti um daginn [...]	÷	Svá er sagt at Ottó keisari sat á hesti um daginn [...]
Eptir þetta ganga þeir Ótta keisari á skip sín, ok ferr hann nú heim til Saxlands. En Hákon iarl er eptir með Haraldi konungi ok réð honum mǫrg vitrleg ráð.	Nú fór hann heim til Saxlands.	Ottó keisari sté þá á skip sín með sitt lið ok fór heim til Saxlands [...] En Hákon iarl var eptir með Danakonungi ok hǫfðu þeir mikla ráðagerð.
[...] ok hverfa frá ok ofan til skipa sinna ok ganga á skip út.	÷	Sneri þá keisarinn frá at sinni ok fór með sinn her til skipa sinna.
'Ekki er til þess at ætla,' segir hann, 'at ek muna skipaz við orð ein saman [...]'	'Ekki er þat at ætla at ek muna skipaz við tǫlu þína eina saman [...]'	'Trauðr er ek at fyrirláta þann átrúnað [...], svá at ekki fyrirlæt ek hann fyrir orð yður ein saman [...]'

The following is an example of the agreement of ÓlO310 and ÓlTr, where Jvs291 has a different wording:

Jvs291:	ÓlO310:	ÓlTr:
[...] at vér farim í dag á merkr ok skóga, þá er oss eru nálægstir [...]	[...] at allr herrinn fari í skóg í dag [...]	[...] at allr herrinn fari í skóg þann er næstr er Danavirki [...]

And in the following examples from the same chapter, ÓlTr agrees now with Jvs291, now with ÓlO310:

Jvs291:	ÓlO310:	ÓlTr:
ok skal hverr maðr hǫggva sér byrði af þeim viði er oss þykkir v"n at eldnæmstr sé. ok skulu vér þann við allan bera at virkinu ok siám þá enn síðan hvat í gøriz.	ok skal hverr maðr fá sér byrði viðar ok bera at virkinu ok siám þá hvat í geriz.	ok skal hverr maðr hǫggva sér limbyrði ok bera undir virkit ok siám síðan hvat tiltœkiligast þikkir.
Ok þann sama dag tóku þeir ǫll vatnkerǫld þau er þeir hǫfðu ok drápu ór botninn annan ok létu síðan koma þar í innan lokarspánu þurra ok aðra spánu [. . .]	Síðan tóku þeir vatnkerǫld sín ok báru í lokarspánu ok tiǫru [. . .]	[. . .] at þeir tóku vatskerǫld ǫll þau er þeir fengu ok fylldu upp af spánum ok báru í tiǫru [. . .]
Þá gengr á þingit byskup sá er var með keisara, er Poppa er nefndr, ok telr þar trú fyrir þeim á þinginu, vel ok orðfœrliga, ok talar hann langt ørendi ok sniallt.	Þá stóð upp á þinginu byskup sá er var með keisara, er Poppa hét. Hann talði trú fyrir þeim vel ok lengi.	Poppó hét byskup sá er var með keisaranum. Hann talði trú fyrir Haraldi konungi ok sagði mǫrg stórtákn almáttigs guðs. En er byskup hafði talat guðs erendi bæði langt ok sniallt, [. . .]
En þá er iarl kom í land austan í Víkina ok spurði þegar hvat þeir iarlarnir hǫfðu at sýst meðan, at þeir hǫfðu kristnat alla Víkina norðr til Líðandisness.	En er Hákon iarl spurði hvat iarlarnir hǫfðu at hafz, at þeir hafa kristnat alla Víkina [. . .]	Þá er Hákon iarl kom í Víkina, varð hann brátt víss hvat iarlarnir hǫfðu þar at hafz, at þeir hǫfðu brotit hof, en kristnat fólk allt [. . .]

There is no indication of anything other than that the differences between the wording in Chapter 26 of Jvs291 and the parallel passages in ÓlO310 and ÓlTr are of exactly the same nature as in the passages in ÓlO310 and ÓlTr which have just above been compared with Chapters 6 and 7 of Jvs291, see the fourth, fifth and sixth examples of agreement with Jvs291 and ÓlO310 on p. 66, and also the following:

Jvs291:	ÓlO310:	ÓlTr:
'Þat hafða ek ætlat fyrir mér,' segir hann, 'at ek munda hana þeim manni gefa er tignari væri fyrir nafns sakir en þú ert [. . .]'	Konungr svaraði: 'Tignara manni hafða ek ætlat at gipta hana en þú ert [. . .]'	Konungr svaraði: '[. . .], þó at ek hefði ætlat at gipta hana enn tignara manni fyrir nafns sakir heldr en þú ert.'
[. . .] koma af landinu ǫllum skǫttum þeim er vér hǫfum hingat til goldit Danakonungi [. . .]	÷	[. . .] koma af oss æfinliga skatti þeim er vér eigum at gialda Danakonungi.
[. . .] ok binda þau þetta síðan fastmælum með sér [. . .] Sigvaldi ferr nú heim eptir þetta til Iómsborgar.	Þessu iátar Sigvaldi, ok binda þetta fastmælum með sér.	Þessu iátar Sigvaldi ok ferr við þat heim í Iómsborg.
Síðan sendi Sigvaldi tuttugu menn skilríkia til fundar við Svein konung ok mælti at þeir skyldi þat segia konungi, at hann vildi hitta hann at nauðsynium, ok þat annat, at hann væri svá siúkr, at hann væri náliga at bana kominn. 'Þat skulu þér ok segia konunginum, at þar liggr honum náliga við allt ráð ok líf.'	Síðan sendir hann menn til konungs ok bað þá segia konungi at hann vill finna hann fyrir nauðsyn ok þar liggi við líf hans ok ríki, 'en þér segit mik siúkan ok at bana kominn.'	Síðan sendi hann menn á konungs fund at Sigvaldi sé siúkr, svá at hann sé miǫk svá kominn at bana. 'Ok þat skulu þér segia með,' sagði hann, 'at ek bið hann koma til mín fyrir þá skyld, at þar liggr við allt hans ríki ok líf at vit finnimz áðr ek dey.'
'Lúttu nú at mér líttað, herra,' segir hann Sigvaldi; 'þá muntu heldr mega nema mál mitt, þvíat ek em nú lágmæltr.'	Sigvaldi mælti: 'Lút þú at mér, herra; þá munt þú nema hvat ek mæli.'	Hann svarar: 'Lút þú at mér meir, at þú megir skilia hvat ek segi, þvíat ek er lágmæltr.'

From these examples it seems clear that the text of Chapter 85 of ÓlTr is derived from the same source as the parts of Chapters 66–72 of the saga that come from a source other than *Heimskringla*. The story that Jarl Sigvaldi tricked King Sveinn tjúguskegg into leaving the country is ancient and older than Oddr's *Ólafs saga*. This is indicated primarily by the last sentence in Chapter 34 of ÓlO310, which has no parallel in other sources: 'En hann gerði Sigvalda iarl útlagðan af ættiǫrð sinni fyrir svik sín, ok var hann brottu um hríð' (ÓlOFJ 112.13–15). Secondly, reference is made to it later in ÓlO, where it tells that Sigríðr stórráða urged Sveinn tjúguskegg to 'senda menn í Vinðland á fund Sigvalda iarls er þú hefir gert útlagðan fyrir allt Danaveldi [. . .]' (ÓlOFJ 181.20–21); 'Sentu menn eptir Sigvalda iarli í Vin‹ð›land, er þú hefir útlagan gert [. . .]' (ÓlOFJ 182.21–22). It can also be deduced from the verse which in both versions of the saga, ÓlO310 and ÓlO18, is quoted in both Latin and Icelandic, attributed in ÓlO18 to the Icelander Stefnir (ÓlOFJ 194–95). In the original version of ÓlO the story of Sigvaldi's trick was probably not much fuller than that in ÓlO18 (ÓlOFJ 109.30–110.34), and it is probably for this reason that the compiler of the 310-version turned to the longer and more dramatic account in *Jómsvíkinga saga*. But there is no likelihood that the monk Gunnlaugr Leifsson wrote the original version of this story and it is difficult to see the origin of this tale that Jarl Sigvaldi tricked King Sveinn into leaving the country. It could be an ancient oral tale, but it could also be that some learned man made a good story out of the reference in Thietmar bishop in Merseburg (975–1018) and Adam of Bremen to King Sveinn tjúguskegg having been taken prisoner and freed for a great ransom, '[. . .] a Northmannis insurgentibus captus, cum a populo sibi tunc subdito cum ingenti precio solveretur,' says Thietmar (MGHSS III 848.8–9: '[. . .] having been captured by Norwegian rebels, when he was freed for a huge sum provided for him then by his people'); 'Nam cum bellum susciperet contra Sclavos, bis captus et in Sclavaniam ductus tociens a Danis ingenti pondere auri redemtus est' (Quellen XI 266.4–6: 'For while he was waging war against the Wends he was twice captured and taken to Wendland, and as many times ransomed by the Danes for a huge weight in gold'; see JvsÓH 43).

The passage about the emperor Otto, his invasions of Denmark and Christianisation of the Danes, is an interpolation in ÓlO310. In this interpolation there is a reference to what had previously been said in the work that the interpolation was derived from:

En þá réð Haraldr konungr Gormsson fyrir Danmǫrku. En Hákon iarl Sigurðarson var skyldr til at fara til liðs við Harald konung Gormsson ef hann ætti land sitt at veria, síðan hann hafði svikit Gull-Harald, ok var þat í sáttmáli (ÓlOFJ 47.15–19).

Later in ÓlO (ÓlOFJ 60–61) we hear about Hákon's tricking of Haraldr gráfeldr and Gull-Haraldr and that Hákon was tributary to Haraldr Gormsson thereafter, but it does not mention there that Hákon was bound to go to support Haraldr if his country was attacked. The only source that mentions this is *Jómsvíkinga saga,* see Jvs291 20.19–24, JvsFlat, FlatChr I 107.17–22, JvsAJ, *Opera* I 100.21–26. From this it is clear that the interpolation in ÓlO310 is taken from the 291-version of *Jómsvíkinga saga.*

The examination above of the parallel passages in Jvs291, ÓlO310 and ÓlTr has revealed that all three texts must be derived from one and the same source, and it is obvious that this source was not Gunnlaugr Leifsson's *Óláfs saga Tryggvasonar,* but a version of *Jómsvíkinga saga,* as was pointed out by scholars long ago (Munch 1853, 83.19–26 and 84.32–44; Gjessing 1877, xiv; Storm 1873, 35; Krijn 1914, 91–93; Larsen 1932, 15–18; Finnur Jónsson, ÓlOFJ xvi and xxx–xxxi; Bjarni Aðalbjarnarson 1937, 61). P. Groth tried to defend a different and more far-fetched explanation (Groth 1895, lv–lix). If this *Jómsvíkinga saga* was worded in the same way as the one that is preserved in 291, it would be necessary to assume an intermediate link between its text and ÓlO310 and ÓlTr, in which the stylistic features of the 291-text had been obliterated and the comments by which it is particularly characterised had been omitted, for example Jvs291, 23.4–7:

[. . .] ok þykkir nauðsyn á vera, at eigi verði þau endimi í at menn sé kúgaðir til kristni í Danmǫrku eða á ǫðrum Norðrlǫndum ok megi eigi halda háttum ok átrúnaði sinna foreldra.

Also Jvs291, 32.11–13:

En þetta var þó ráð Hákonar jarls, þótt konungr bæri upp, þvíat hann vildi hotvetna annars heldr en ganga undir trúna.

There are no traces of these comments in ÓlO310 or in ÓlTr. Even though it is conceivable that the features that characterise the text preserved in 291 had been obliterated in a manuscript that was the intermediate link between it and ÓlO310 and ÓlTr, it must, taking everything into consideration, be considered more likely that all three texts, Jvs291, ÓlO310 and ÓlTr, are based on an older text of Jvs than the one preserved in 291, rather than that ÓlO310 and ÓlTr are derived from a manuscript with the same text as 291. It is clear that this text contained accounts of Óláfr Tryggvason's aiding the emperor and of the advice he gave about how to conquer the Danavirki. Gunnlaugr Leifsson has been considered the most likely originator of these accounts (see Foote 1959b, 26 and 33–40, which has the most thorough treatment I know of this material), and indeed there is no more likely person of those that can now be identified. But if this is correct, this text of Jvs must have been later than Gunnlaugr's *Óláfs saga Tryggvasonar.* But I know of no convincing proof of this, and this only can be regarded as certain, that none of these works, Jvs291, ÓlO310 and ÓlTr, are directly dependent on Gunnlaugr's *Óláfs saga*. What has been believed to have been taken from Gunnlaugr's saga in the text of ÓlTr which has been discussed here cannot be proved to be the work of anyone else than the compiler of ÓlTr himself.

Now we turn to some particular points in what is printed above from Chapters 66–72, 84–86, 88 and 90 of ÓlTr.

(57) In Jvs291 and ÓlO310 the emperor is called 'Ótta hinn rauði', but 'Ottó hinn rauði' in *Knýtlinga saga* (ÍF XXXV 94). In the list of emperors in Chapter 65 of ÓlTr and following a similar source in Resensbók and in Icelandic annals the emperor Otto II is called 'Ótta (Ottó *ÓlTr*) hinn rauði', see the index of names in AnnStorm 1888. Doubtless it was Ottó II that was meant in the common source of Jvs291, ÓlO310 and *Knýtlinga saga*; the writer of that source thought that the nickname 'hinn rauði' was sufficient to distinguish him from Otto the Great and Otto the Young. In *Fagrskinna* the emperor is called alternately 'Otta' or 'Otte' and in *Heimskringla* Ótta, but in neither does he have a nickname or any other indication of which emperor was meant, Otto I, II or III.

In the list of emperors in *Veraldar saga* (VerJB 71.19–21) we read:

[. . .] Ottó inn mikli, er ríki hafði þriá tigi ok átta ára, hann braut Danavirki ok kúgaði Harald Gormsson til at taka við kristni.

But in ÓlTr it is clearly stated that it was 'Ottó keisari er hinn ungi var kallaðr' who invaded Denmark and fought with Haraldr Gormsson. Neither is correct. There is this grain of truth in the accounts of the battle at the Danavirki in the works that have been discussed here, that it was the emperor Otto II who attacked Haraldr Gormsson in 974 (MGHSS III 760, JvsÓH 36). Otto II was emperor 973–83. The compiler of ÓlTr realised that according to his chronology it was impossible for Óláfr Tryggvason to have been with Ottó II at the Danavirki; he therefore departed from his source and replaced Otto the Red with Otto the Young.

(58) 'ok sat þar um vetrinn'. This is an interpolation into a text that is otherwise based on Jvs, inserted so as to be consistent with a sentence at the beginning of Chapter 68 that is taken from *Heimskringla*: 'Um várit eptir dró Ottó keisari her saman óvígian', and with this interpolation in Chapter 69: 'Hákon iarl hafði verit í Danmǫrku með Haraldi konungi um vetrinn.' In Chapter 66 the statement that the emperor vowed to go to Denmark 'þriú sumur í samt' is taken from Jvs, and in Jvs he is made to

gather together an army for three winters before the second invasion. In *Fagrskinna* and *Heimskringla* it is all made to take place in one and the same invasion. Here again the compiler of ÓlTr has departed from his sources, kept the two invasions of Jvs, but considered it more likely that only one winter passed between them, thus avoiding direct conflict with what was said earlier about the emperor's vow.

(59) 'Létu þeir þá efla at nýiu Danavirki.' Here the compiler of ÓlTr has again departed from his source, on account of the fact that he had already mentioned the Danavirki (in Chapter 66, in a passage that he had taken from *Heimskringla*). In Jvs291 and in ÓlO310, however, it says that Haraldr Gormsson and Jarl Hákon built the Danavirki (Jvs291, 24.11–14, ÓlOFJ 48.10–13).

(60) This is an addition to a description of the Danavirki derived from *Heimskringla* (ÓlTrEA I 136.17–21). The addition was probably written by the compiler of ÓlTr on the basis of the text of Jvs, see Jvs291 28.30–29.9.

(61) The passage printed here from Chapter 70 is obviously composed by the compiler of ÓlTr taking account of the text of Jvs, but the same or similar wording comes through in only a very few places. The words of the emperor and of Óláfr Tryggvason in direct speech have exactly the same characteristics as direct speech elsewhere in ÓlTr, which was demonstrably composed by the compiler (FærÓH, xi–xlii).

(62) In Jvs291 and ÓlO310 it is not mentioned that Búrizláfr king of the Wends was among the emperor's troops. The compiler of ÓlTr found Búrizláfr in *Heimskringla*'s account of the emperor's mustering of his army (HkrFJ I 298.17–299.5).

(63) Catapults are not mentioned in the parallel sources.

(64) What is said here about Bishop Poppo and his mission is based on Jvs, but is expanded with comments and rhetorical expressions characteristic of the compiler of ÓlTr.
The oldest source about Bishop Poppo having preached Christianity to Haraldr Gormsson and carried red-hot iron in his hand is an account in the Saxon Chronicle of Widukind (fl. 973), which was dedicated to Matilda, daughter of the emperor Otto I. There it says that the Danes had for a long

time been Christian, but had at the same time worshipped their heathen gods. Bishop Poppo maintained to King Haraldr blátönn at a feast where there was a dispute about the God of the Christians and the gods of the heathens, that there was one true God, God the Father, Son and Holy Spirit, and Haraldr told him to demonstrate by some sign that his faith was true, and Poppo said he was quite prepared to do this. Haraldr then had him guarded until the next day. Then he had a great piece of iron made red-hot in a fire and told Poppo to pick up the iron and carry it in his hand. Poppo did this and carried the iron as far as the king commanded and showed all the people his unburned hand afterwards (Widukind, Chapter 65 of Book III).

In *Fagrskinna, Heimskringla,* JvsAJ, ÓlO310 and ÓlTr it says that Poppo carried red-hot iron, nine paces according to ÓlO310 and ÓlTr, while Jvs291 is alone in making Poppo walk nine paces over red-hot iron. This is undeniably reminiscent of the nine red-hot ploughshares which according to *Ágrip* and *Heimskringla* Haraldr gilli was made to walk over to prove his paternity (HkrFJ III 301, ÍF XXIX 50). The nine paces in Jvs291 are definitely derived from the common source of Jvs291, ÓlO310 and ÓlTr, being based on the rule about the ordeal of carrying hot iron, that the one carrying the iron must walk with it for nine paces (*Kulturhistorisk leksikon* V, column 547). But at a later stage, the scribe of 291, or some predecessor, departed from that source and either himself thought up the idea of making Poppo walk over red-hot iron, or found this account in a book. In Jvs291 the bishop's ordeal is as follows:

> Nú ferr þetta fram, at byskup syngr messu. Ok eptir messuna, þá gengr hann til þessar raunar, treystr þá með holdi ok blóði almáttigs guðs, ok var í ǫllum byskups skrúða, þá er hann trað iárnin. En guð hlífði honum svá at hvergi var brunaflekkr á hans líkama, ok hvergi var á runnit á klæði hans (Jvs291 32.24–33.2).

This is undeniably reminiscent of what it says in *Þorvalds þáttr víðfǫrla* about Bishop Friðrekr when he walked on the fire at the wedding in Haukagil, where it is stated 'at eigi með nǫkkuru móti sviðnuðu hinar minnstu trefr á skrúða hans' (ÓlTrEA I 289.23–24). It must be borne in mind, that in these texts, as also in *Vǫluspá,* v. 56.9–11 ('gengr fet nío | Fiǫrgyniar burr | neppr frá naðri'), and Snorri's Edda (SnEFJ 72.17), the word 'fet' is used in the sense 'pace, step'.

(65) In Jvs291 and ÓlO310 it is stated that the emperor invited Óláfr Tryggvason to go with him when he set off back home. This remark has given the compiler of ÓlTr occasion to make up a story about the conversation between the emperor and Óláfr.

(66) What is printed down to this point from Chapter 84 of ÓlTr is an account of the leaders of the Jomsvikings and their origins, compiled from the second part of Jvs and agreeing with the 291-version, with the one exception, that here Hemingr is counted among the sons of Strút-Haraldr, while in Jvs291 he is not mentioned until much later (in Chapter 27). This passage is a necessary introduction to the material that follows derived from Jvs, especially the account of Jarl Sigvaldi and his tricking of King Sveinn, which appears to be taken with little change from Jvs, see pp. 66–69 above.

(67) These two sentences at the beginning of Chapter 85 are an addition by the compiler of ÓlTr. The first sentence is based on *Heimskringla* (HkrFJ I 319.10: 'Síðan var Sveinn tekinn til konungs í Danmǫrk'), but the second is inserted by the compiler as an explanation of how Sigvaldi 'spurði at Sveinn konungr var á veizlu með sex hundruð manna'.

(68) 'En ef þú vill eigi þenna kost, þá mun ek fá þik í hendr Vinðum.' This is a paraphrase by the compiler of some words in *Heimskringla*, see HkrFJ I 320.5–6: 'ok at ǫðrum kosti segir iarl, at hann myndi Svein konung fá í hendr Vinðum.'

(69) This is stanza 10 of *Jómsvíkingadrápa* (Jvdr). In prose word-order: Styrkir dreyrgra darra rióðendr heldu síðan skipum til Danmarkar; þeim gafz rausn ok ríki; ok ógnrakkir auðbrotar drukku þar erfi feðra sinna; þeim frá ek ýmsum aukaz annir.

The major part of this poem, 40 stanzas, is preserved in the Codex Regius of Snorri's Edda, GKS 2367 4to, 53r29–54r. In the manuscript, stanza 40 of this poem ends at the bottom of fol. 54r, and at the top of 54v begins *Málsháttakvæði*. In the Codex Regius there is no sign of an original heading to the poem, nor any apparent reason why its conclusion should not have been written on 54v. The last page of the manuscript (55v) is very dark. Doubtless what is lacking of stanza 30 of *Málsháttakvæði* was written at the top of this page (see Skjd II A 136), but there is no way of knowing whether anything else was written there. In ÓlTr, 16 complete stanzas and two half-stanzas of Jvdr have been inserted into the account of the Battle of the Jomsvikings and the events leading up to it, taken mainly from *Heimskringla*. These are stanzas 10–12, 17, 18, 20, 26, 29, 30, 32–34 and 38 of the poem, but stanzas 41–45 (according to the numbering in Skjd II 1–10) are preserved nowhere but in ÓlTr. The text in many places is better preserved in ÓlTr than in the Codex Regius, and it is obvious that the stanzas in ÓlTr are not copied from there. In ÓlTr the poem is attributed to Bishop Bjarni, and this doubtless refers to Bjarni Kolbeinsson, bishop in Orkney 1188–1223.

(70) This passage is inserted in ÓlTr into an account that otherwise is taken from *Heimskringla*. The wording does not suggest any known source.

(71) This is stanza 11 of Jvdr. In prose word-order: Þá vildu ǫldurmenn einkum at enn skyldu leita sér ágætis; slíkt eru yrkisefni; ok gátu haukligast hefia heitstrengingar; eigi frá ek at ǫlteiti ýta var lítil.

(72) This is stanza 12 of Jvdr. In prose word-order: Ek frá heiptmildan Sigvalda hefia heitstrenging. Órœkinn Búi var ǫrr at auka slíkan þrek. Þeir hétuz reka Hákon af hauðri eða ræna lífi; frœknra fyrða fión var fíkium grimm.

(73) Þorkell Gíslason is named nowhere else than in ÓlTr and nothing is known about him. Nothing has been preserved of his poem, *Búadrápa*, except the stanzas that have been included in ÓlTr. This is the first of the surviving stanzas; in prose word-order: Báru sverð ok herklæði á vali víka; þeim seggium frá ek líka vel snarræði.

(74) 'Þat var nær vetrnóttum.' Cf. Jvs291 93.21–22: 'Ok er þetta um vetrnátta skeið.' The same dating of the memorial feast appears in JvsFlat 179.35–36, Jvs7 28.3–4 and Jvs510 54.32.

(75) 'Þeir höfðu hvassan byr ok gengu skipin geyst.' This is based on the first of the two stanzas of *Búadrápa* which follow.

The first stanza in prose word-order: Harða hvasst hregg knúði á humra fiǫllum; marir barða hliópu á hefils vǫllum. Blá hrǫnn þó hlýrum; uðr hin sviðkalda hraut af brimdýrum; æst alda skaut kili.

The second stanza: Raukn rasta báru geðfasta rekka til landa ræsis; þrǫng at randa rym. Víðr Nóregr nam við mǫrgum skipstǫfnum. Vápn eru grimm tǫrgum, gaf nýtt nest hrǫfnum.

(76) 'Svá er sagt at þeir hliópu upp á Iaðri iólanóttina.' This is presumably based on stanza 17 of Jvdr, which follows next. The dating agrees with these other works: FskFJ 87.18–19: 'Þeir koma her sínum iólanótt at Iaðri [...]'; Jvs510 61.13: 'Þetta var iólanóttina er Iómsvíkingar kómu á Iaðar'; JvsAJ, *Opera* I 129.6–7: 'Ille cursu potitus secundo in vigilia nativitatis Domini at pagum Jadar appulit' ('He had a good voyage and reached the

district of Jaðarr late on Christmas Eve); ÓlO310: '[...] kómu Iómsvíkingar um miðsvetrar skeið í Nóreg [...]' (ÓlOFJ 61.8–9); ÓlO18: 'En nokkuru síðar kómu þeir Iómsvíkingar í Nóreg með sex tigu skipa um miðian vetr' (ÓlOFJ 61.27–29). There is also a passage that has been interpolated into the text of Jvs in Flateyjarbók which reads as follows: 'Fundr þessi var á Hiǫrungavági um vetrinn eptir iól' (FlatChr I 187.22, ÓlTrEA I 180 footnote; Ólafur Halldórsson 1977, 616–17).

The text in *Fagrskinna* is in all likelihood based on Jvdr; this is implied by the wording 'iólanótt at Iaðri' and the words that follow the quotation above: 'ok fengu veðr mikit, ok gátu þó haldit skipum sínum ǫllum' (FskFJ 87.19–20). It looks as though this is based on stanza 16 of the poem.

At the time Jvdr was composed and the works referred to above were written, 'jólanótt' in Christian terms was the night before 25 December. But according to what it says in *Hákonar saga góða* in *Heimskringla*, Yule in heathen times was 'hafit hǫkunótt, þat var miðsvetrarnótt' (HkrFJ I 185.10–11). Midwinter was in early times reckoned to be 12 January (Alver 1970, 96–97). It would be very surprising if these datings, 'jólanótt', 'um miðsvetrar skeið', 'um miðjan vetur' and 'um veturinn eftir jól', were not all derived from one early source and all based on the date of Yule at midwinter in heathen times (Ólafur Halldórsson 1977, 617).

(77) In Jvs291 and JvsFlat the man who lost his hand when Vagn struck at him is called Ǫgmundr the White, but he is called Geirmundr in *Fagrskinna*, *Heimskringla*, Jvs510, and Geirmundr the White in Jvs7, where the name is doubtless taken from the same source as the interpolation about the killing of Knútr Danaást and the death of Gormr the Old, but in JvsAJ an attempt has been made to resolve the confusion by making the Jomsvikings kill Geirmundr in Jaðarr, and cut off Ǫgmundr the White's hand in the Vík (JvsAJ, *Opera* I 129 og IV 133).

The text of this passage in ÓlTr does not quite agree with any particular version of Jvs, though odd sentences or phrases are the same as or similar to what appears in some versions of the saga, especially the 291-version:

'Sá maðr var nefndr Gerimundr er þar var fyrir með sveit manna.' Cf. HkrFJ I 325.9–10: 'Geirmundr er sá maðr nefndr [...]'; Jvs510 61.17: 'Sá maðr er nefndr Geirmundr [...]'.

'Hann stǫkk ofan ór loptinu'. Cf. Jvs, all versions: '[...] hann hleypr ofan (÷ *291*, *after* loptinu *JvsFlat*) ór loptinu [...]'; FskFJ 88.5: '[...] hlióp hann ór loptinu [...]'.

'en þó kom hann standandi niðr.' Cf. Jvs, all versions: 'ok kømr (kom *Fsk, 510*) standandi niðr.'

'Þar var nær staddr Vagn Ákason ok hió til hans. Kom hǫggit á hǫndina ok tók af fyrir ofan úlflið.' Cf. Jvs291 101.8–10, FlatChr I 184.10–11: 'En Vagn Ákason var þar nær staddr, er hann kom niðr, ok hǫggr þegar til hans Ǫgmundar (÷ *JvsFlat*) ok *hió á hǫnd honum (kemr á hǫndina *JvsFlat*) fyrir ofan úlflið [. . .]'; Jvs510 62.2–4: 'En Vagn Ákason var þar nær staddr ok hió hann til Geirmundar ok kom á handlegginn fyrir ofan úlfliðinn [. . .]'; Jvs7 31.4: 'Vagn varð nær staddr ok hǫggr þegar til hans ok tók af hǫndina [. . .]'; FskFJ 88.6–7: 'Vagn var þar nær ok hió á hǫnd Geirmundi fyrir ofan úlflið [. . .]'.

(78) 'Niðmyrkr var á.' The compiler has found it better to make this statement as an explanation of how Geirmundr escaped unseen from the Jomsvikings.

(79) This sentence is based on Jvs, the 291-version, cf. Jvs291 101.13–19.

(80) This is stanza 17 of Jvdr. In prose word-order: Rauðra randa reynendr segia Iómsvíkingar kœmi flota sínum iólanótt at Iaðri. Firar váru heldr giarnir á harðan hernað; rióðendr randorma buðu Geirmundi ríki.

(81) This passage is an addition to text taken from *Heimskringla*, inserted between the words 'koma' and 'Síðan' in HkrFJ I 326.8. The words of Jarl Hákon in this passage are not derived from any extant version of Jvs, but in Geirmundr's reply, the words 'Fénaði þér nú, Vagn Ákason', are exactly the same in Jvs291 103.7–8.

(82) This is stanza 18 of Jvdr. In prose word-order: Þá buðu þeir Nóregs iarlar þeim greppum er sunnan kómu gørla at móti til geirhríðar. Þar varð á skǫmmu méli mestr landherr saman fundinn, margr morðremmandi var at laufa leiki.

(83) This is inserted into the text of *Heimskringla* after 'maðr' in HkrFJ I 329.16. Ármóðr is derived from Jvs, the 291-version (he is called Arnmóðr in Jvs7), introduced into the saga in Jvs291 109.9–11 as follows: 'En á mót Sigurði kápu, bróður Búa, váru þeir feðgar, Ármóðr ór Ǫnundarfirði og Árni son hans.' But the assertion in ÓlTr that Ármóðr was 'mikill kappi' is most likely based on what is said about him in stanzas 21 and 29 of Jvdr.

(84) This is stanza 20 of Jvdr. In prose word-order: Ok menn heyra at þrír hraustir hǫfðingiar váru með hvárum flokki, þat hefir þióð í minnum, þar er hiálmaskóðs hreggviðir hittust á víðum Hiǫrungavági; sá fyrða fundr þótti frægr.

(85) This is based partly on *Heimskringla*, and partly on the stanza from *Búadrápa* that follows, cf. HkrFJ I 330.19–20: 'Síðan lǫgðu þeir saman flotann; tekz þar in grimmasta orrosta [. . .]'.

(86) This passage (from 'Gekk') was inserted by the compiler between the words 'orrosta' and 'ok' in HkrFJ 330.20.

The stanza from *Búadrápa* in prose word-order: Herr bar merki hátt; grimmt eggia él kom á Hamðis serki; seggia lið gekkz at. Flotna fiǫr meiddu griót ok skotbroddar; flest hlíf varð brotna; gráir oddar glumðu.

(87) This is inserted between the words 'liði' and 'þvíat' in HkrFJ I 331.1.

The half-stanza from *Búadrápa* in prose word-order: Bæði hǫfuð ok hendr manna hrutu fyrir borð; herklæði brustu; vargr nam kanna hræ.

(88) This is not taken direct from any particular source. Hávarðr hǫggvandi and Áslákr hólmskalli are mentioned in all accounts of the Battle of the Jomsvikings. What is said in ÓlTr, that no weapon could pierce Áslákr and that he and Hávarðr were Búi's forecastle-men, is probably based on *Heimskringla*, where it says of Áslákr that weapons had not previously pierced him and that he was Búi's foster-father and forecastle-man (HkrFJ I 333.6–7). But in Jvs it says that Áslákr was on Vagn's ship and fought alongside him. The sentence 'Þeir váru frá því harðfengir ok illir viðreignar sem aðrir menn' does not actually seem to be worded in the way the compiler of ÓlTr would have expressed it.

(89) This is stanza 26 of Jvdr. In prose word-order: Ólmr Gull-Búi klauf hiálma með yggiar eldi; hann lét hringserkia bǫl ganga niðr í herðar. Hávarðr réð at stœra hart hǫgg fyrða liði, Áslákr hefir verit fíkium illr viðr at eiga.

(90) The words in italics here are taken from *Heimskringla* (HkrFJ I 332.5).

(91) This is stanza 29 of Jvdr. In prose word-order: Vagn hefir orðit ýtum ǫrfengr at strangri bǫð; drengir gingu vel fram með frœknum fullhuga, þars ek frá at hann, hinn ríki Áka sonr, hlœði brátt hugprúðum Ármóði í Yggiar éli.

The prose before this stanza is based on both stanzas 28 and 29. The Ármóðr here said to have been killed by Vagn is presumably the same as the Ármóðr of Ǫnundarfjǫrðr who was previously said to have been positioned opposite Sigurðr kápa, see note 83.

(92) This is the introduction to the stanza from *Búadrápa*, and is not dependent on any other source.

The stanza in prose word-order: Herr neytti handa, branda hríð var snǫrp, fár randa var fúst til fiǫrnis landa. Fleinbǫrvar fellu, ǫrvar flugu af streng, hiǫrvar sungu hátt við gǫrvar hlífar.

(93) The stanza from *Búadrápa* and the introduction to it are inserted after the word 'djarfasta' in HkrFJ I 332.1.

The stanza in prose word-order: Hræs haukar gullu, hvassir benlaukar skýfðu leggi lið s, griót lamði seggi. Gráir málmar gnustu, hiálmar gengu í sundr, hauks fiǫllum varat friðr í fiǫrnis stǫllum.

(94) The first part of this passage is based on stanza 30 of Jvdr, which follows next, but the second part, where it tells of Jarl Hákon's sacrifice of his son, is based on Jvs. In Jvs291 and all other versions of the saga it is stated that Hákon sacrificed his son Erlingr at the age of seven, and in all except Jvs7, that Erlingr was 'enn efniligsti' (Jvs291 115.18–19).

(95) This is stanza 30 of Jvdr. In prose word-order: Ek frá hǫlða hvarvitna hrøkkva fyrir gunnar rǫkkum hiǫrva hreggviðum; herr œgsti darra gný; áðr ýtum grimmr Hákon tœki at blóta syni í ǫrva drífu; fram kom en harða heipt.

(96) This is the beginning of an addition to the text of *Heimskringla*, which is inserted after the word 'einu' in HkrFJ I 332.11.

The half-stanza from *Búadrápa* in prose word-order: Ek frá Búa ganga greitt gegnum lið þeira; svanr Hanga gladdiz, geira gǫll var vǫkð.

(97) These two sentences are a paraphrase of what it says in Jvs, see Jvs291 115.26–116.2: 'Nú eptir þetta ferr jarl til skipa sinna ok eggiar nú lið sitt allt at nýiu. "Ok veit ek nú víst," segir hann, "at vér munum sigraz á þeim Iómsvíkingum."'

(98) 'Þá gerði él mikit ok illviðri móti Iómsvíkingum', cf. HkrFJ I 332.11: 'Þá gerði illviðri ok él svá mikit at haglkornit eitt vá eyri' and Jvs291 116.16–17: 'Þeir allir Iómsvíkingar áttu at vega í gegn élinu.'

(99) This is stanza 32 of Jvdr. In prose word-order: Þá frá ek hit illa él Hǫlgabrúðar œðaz; harða grimmt hagl ór norðri glumði á hiálmum, þars hreggi keyrðu skýiagrióti barði í ormfrán augu ýtum; ben náði því blása.

(100) The words 'hvert haglkornit vá eyri' are derived from the stanza of *Búadrápa* which follows. In Jvs it says that Jarl Hákon and his men weighed the hailstones when the battle was over: 'Ok er þat frá sagt at eyri vægi eitt hvert haglkornit [. . .]' (Jvs291 119.22). In place of the word *hvert* in *Búadrápa*, JvsFlat, FlatChr I 195.2, Jvs510 88.9 and ÓlTr, there is *eitt hvert* in Jvs291, *eitt* in Jvs7 38.28 and *singula* in JvsAJ, see *Opera* I 137.5–7, FskFJ 97.7–8 and HkrFJ I 332.12.

The stanza from *Búadrápa* in prose word-order: Hvert hagl vá eyri, dreyri hraut á lǫg, blóð ór bragna sárum þó árum bens. Þar fell valr víða, sá ríða gylld vé, sveit á snekkium iarla barðiz snarla.

(101) This passage, and also the stanza from *Búadrápa* which follows, are based on Jvs, cf. Jvs291 116.23-29.

The stanza in prose word-order: Hit forlióta flagð réð skióta snǫrpum ǫrum af fingrum sér; slíkt er gǫrpum raun. Gerðiz fíkium grimmt hregg ok loptdrífa at ríkium gumnum; var hár gnýr hlífa.

(102) This comment, which is based on Jvs, is in ÓlTr inserted after the word 'sat' in HkrFJ 332.16; see Jvs291 118.22–27: 'Þat er sagt at Sigvalda var orðit kalt í élinu ok hleypr hann til ára ok vill láta orna sér, en annarr maðr setz við stiórnina. Ok er Vagn hafði kveðit vísuna ok hann sér Sigvalda, þá fleygir hann spióti til hans ok ætlaði at hann sæti enn við stiórnina, en Sigvaldi var þá þó við árar.'

(103) This is stanza 33 of Jvdr. In prose word-order: Þá var þrekfǫrluðum iarli þǫrfum meiri hugraun, frá ek at hann heldi flota sínum braut. Sigvaldi bað snara segl við húna, hrǫnn glumði kǫldum byr á húfum, hríð fell í bug váða.

(104) This passage is inserted after the word 'millum' in HkrFJ I 333.1. The content of it is put together from Jvs, except for the comment on Vigfús Víga-Glúmsson: 'Var hann allstyrkr maðr.' Cf. HkrFJ I 333.3: 'Vigfús var allsterkr maðr.' Þorsteinn miðlangr is named thus in *Fagrskinna* and *Heimskringla*, but Þorkell miðlangr in all versions of Jvs. But what is said in ÓlTr about his quarrel with Jarl Hákon is based on Jvs, see Jvs291 104.15–105.4. Þorleifr skúma is named thus in Jvs, but 'Skúmr' in *Fagrskinna*. His descent is given in Jvs (except in JvsAJ) and *Fagrskinna* in the same way as here: 'Hann var son Þorkels ens auðga vestan ór Dýrafirði ór Alviðru' (Jvs291 111.3–4).

(105) This introduction to stanza 34 of Jvdr is inserted, together with the stanza, after the word 'niðri' in HkrFJ 333.5 What is said here of Þorleifr skúma, that he broke Hávarðr hǫggvandi's bones, is based exclusively on this stanza of Jvdr. In Jvs and *Heimskringla* it is stated that Hávarðr lost both legs: '[. . .] fœtrnir báðir váru hǫggnir undan honum fyrir neðan kné' (Jvs291 121.29–30); '[. . .] þvíat fœtr váru af honum hǫggnir' (HkrFJ 336.7). The only source that says that Hávarðr's legs were broken, apart from Jvdr and probably independently of it, is a passage inserted into the text of Jvs in *Flateyjarbók*:

En þat er sumra manna sǫgn, þeira er fróðir eru, at Þorleifr skúma hefði um daginn í bardaganum lostit Hávarð hǫggvanda, svá at báðir fœtr hans váru lamðir, þá er hann var áðr svá illr viðreignar, at náliga hió hann allt þat er fyrir honum varð (FlatChr I 195.37–196.3; ÓlTrEA I 180 footnote; Ólafur Halldórsson 1977, 618–19).

(106) This is stanza 34 of Jvdr. In prose word-order: Vegrœkinn Vigfús lét þar verða Ásláki veittar helfarar; þann þátt erat þǫrf at segia. Hǫggrammr Þorleifr of vann brotit þykkva leggi þrekstœrðum Hávarði; hann vá hart með kylfu.

(107) The stanza and the introductory words are inserted after the word 'kisturnar' in HkrFJ I 333.16.

The stanza in prose word-order: Enn þrekmesti gœðir gunnskára sté fyrir húf hrófs hesti; naðr sára gladdiz. Bens bára kom niðr, frœkn Búi nam kistu í hvára hǫnd sér. Hykk ferð misstu friðar.

(108) This passage is based on *Færeyinga saga*, see FærÓH, 67–68 and clx–clxv.

(109) This is stanza 38 of Jvdr. In prose word-order: Frá ek víst at Vagn verði skeið með þegna sína; þá váru ǫll ǫnnur þunn skip þeira hroðin; þar náði þeygi þengils maðr at ganga upp; þeir réðu at keyra ýgia Eiríks menn ofan.

The stanza and the prose before and after it are inserted after the word 'viðrtaka' in HkrFJ I 334.2. The prose before the stanza is based on it.

(110) This sentence is a link between the stanza and a sentence taken with little change from *Heimskringla* (HkrFJ I 334.2–3 'en — xxx').

(111) The stanza and the introductory words are inserted after the sentence from *Heimskringla* referred to in the preceding note.

The stanza in prose word-order: Vagn felldi virða; enn hvassleiti hrafn valði of stirða nái; sveiti hrundi á borð. Þó réð Eiríkr dála hrióða skip þess eyðis unnglóða; var hár stála þrymr.

(112) This passage is put together from the text of *Heimskringla*, HkrFJ I 334.3–4: 'ok fluttir á land upp bundnir'; 334.7: 'Þeir Vagn sátu á einni lág allir saman'; 334.9–11: 'Þeir Vagn váru svá bundnir at einn strengr var snúinn at fótum allra þeira, en lausar váru hendr þeira.'

(113) This is inserted after the word 'láginni' in HkrFJ I 334.8. The comment here on the heroic words of the Jomsvikings is based on stanza 41 of Jvdr.

(114) This sentence, the following stanza, and the five words of prose after it are inserted after the word 'honum' in HkrFJ I 334.14. In ÓlTr the passage about the execution of the Jomsvikings follows *Heimskringla*. The words 'sem ván var' (ÓlTrEA I 196.21–22) are from the manuscript of *Heimskringla* used by the compiler of ÓlTr. They are also found in Jöfraskinna. In JvsFlat and Jvs7 ten Jomsvikings are mentioned as having been executed after the battle, nine in JvsAJ and eight in Jvs510 (lacuna in 291). The figure of eighteen in ÓlTr presumably comes from stanza 41 of Jvdr, and it may be asked whether the author of the poem did not choose this number for the alliteration. Nevertheless it should be noted that *Heimskringla* ends the account of the execution of the Jomsvikings and of those who were let off with these words: 'Átján váru drepnir, en tólf þágu grið' (HkrFJ I 335.18–19). This agrees with stanzas 41 and 44 of Jvdr.

(115) This is stanza 41 of Jvdr, only preserved in ÓlTr. In prose word-order: Þar lét Eiríkr þegar átián þegna týna ǫndu; heldr frágum þá þverra lið fyrir Vagni. Hraustar hetiur mæltu þróttar orð; þat var fíkium haukligt; þióðir hafa þau uppi með fyrðum.

(116) See the words commented on in note 114.

(117) 'Biǫrn enn brezki' from Jvs is put instead of 'Skarði víkingr' in FskFJ 102.4 and 'víkingr Skarði' in HkrFJ I 335.12.

(118) These four words and the next three stanzas together with the prose links are inserted after the word 'banahǫgg' in HkrFJ I 335.15.

(119) This is stanza 42 of Jvdr, only preserved in ÓlTr. In prose word-

order: Ok Þorketill leira fór með fiǫrnis fálu, þá er menbroti mælti mansǫng um hringa Gná. Hann gerðiz at hǫggva hauklyndan son Áka. Heiptǫrr Vagn gat heldr vegit at hánum fyrri.

(120) This is based on the following stanza of Jvdr, except for the words '"Vil ek," segir hann', which are taken from *Heimskringla* (HkrFJ 335.16–17).

(121) This is stanza 43 of Jvdr, only preserved in ÓlTr. In prose word-order: Hyggiu gegn hringa hreytir kvað at Vagni: 'Viltu Yggiar élsvellandi of þiggia yðvart líf?' 'Eigi mun ek þiggia fiǫr nema efna þat heit er nam strengia.' Svá kvað ungr egghríðar Ullr at iarli.

(122) This follows neither *Heimskringla* nor Jvs precisely, cf. HkrFJ I 335.17–18: '"Leysi þá ór strenginum," segir jarl, ok svá var gǫrt'; FlatChr I 201.36–37 (lacuna in 291): 'Ok nú eru þeir allir leystir, Jómsvíkingar [...]'

(123) This is based on the following stanza of Jvdr.

(124) This half-stanza and the one that follows are only preserved in ÓlTr. The half-stanza in prose word-order: Ǫrr Eiríkr lét stórum gefit grið ok aura tólf þegnum með Vagni; þat leyfa þióðir miǫk.

(125) This half-stanza and its introduction are inserted after the word 'leiru' in HkrFJ I 337.17.
The half-stanza in prose word-order: Þá gekk ǫrlyndr þrymu randa Ullr at eiga mæta Ingibiǫrgu; margir menn fýstu þess.

(126) This is based on Jvs (FlatChr I 202.10–11, Jvs7 43.8–11, Jvs510 99.17–18, lacuna in 291) and is inserted after the word 'Danmerkr' in HkrFJ I 337.20 The clause 'ok er mart stórmenni frá honum komit' is identical in Hkr, JvsFlat, Jvs7 and ÓlTr.
After this there is an addition in A, which is entirely out of place: '*ok var þar til þess er skip gengu meðal landa.*' The scribe has inserted this so as to get three lines of indented text to provide space for a larger capital than for a normal chapter break, because here there is a change of topic, and the story returns to telling of Óláfr Tryggvason.

SOURCES

It is clear that the text of ÓlTr printed above in this book (pp. 5–33) was originally compiled from various sources. It gives an account of the kings of Denmark one after another down to Sveinn Forkbeard son of Haraldr Gormsson. The text is not, however, conceived as just a chronicle of the kings of Denmark, but much rather as a compilation of sources about the earliest kings of the Danes, in which attention has been directed more than anything else at the Christianisation of the Danes, the uniting of Denmark into a single kingdom and the beginning of Danish rule in England. In the narratives of these sections of ÓlTr, Chapters 60–72 and 84–90, it is possible to distinguish four main categories of source:

I. Latin sources, especially chronicles (or annals; Chapter 60) and a regnal list of emperors (Chapter 65). In a very few places it looks as though the text in ÓlTr is based on Adam of Bremen, though it is uncertain whether the material that can be traced to Adam is derived direct from him or through an intermediary.

II. *Saga of the Danish kings* (Chapters 61–64), of which there are also remnants in *Ragnarssona þáttr*, in *Jómsvíkinga saga* in Perg. 4to nr. 7 and in a fragment of *Ragnars saga loðbrókar* in AM 147 4to.

III. *Jómsvíkinga saga* (Chapters 66–70, 72, 84–86, 88 and 90). Actually it is uncertain whether the compiler of the text which survives in ÓlTr used a manuscript of Jvs, or followed *Saga of the Danish kings* for the parts of the text that run parallel to Jvs.

IV. *Heimskringla*.

In addition, these sections of ÓlTr contain a short passage derived from *Færeyinga saga*, a few stanzas from Þorkell Gíslason's *Búadrápa* and most of Bjarni Kolbeinsson's *Jómsvíkingadrápa*. Each of these sources in turn is discussed briefly in what follows.

I. (Chapters 60 and 65)

In Chapter 60 use is made of Latin sources, and by far the clearest correspondences are with *Annales regni Francorum*. The most recent research into the text of these annals indicates that they are not the work of one person, but of three. ArF was early inserted into the beginning of the so-called *Annales Fuldenses*, and the whole compilation was attributed to Einhard (*c*.770–840), but more recent research has revealed that he had no part in it.[1] When in the past I and others before me have reckoned

---

[1] See *Carolingian Chronicles* 1989, Introduction 5–8.

Annales Fuldenses as one of the sources used by the compiler of ÓlTr and have referred to Einhard as the author, therefore, this is to be disregarded.

In Chapter 60 of ÓlTr Danish kings of the ninth and early tenth centuries come into the story. Their origin is not, however, traced to mythical kings, rather the names of the earliest of them and information about them is taken from Latin Chronicles, to begin with from ArF, and later on from other Latin sources. The kings are introduced in this order: 1) Guðfrøðr king in Jutland. 2) Hemingr nephew of Guðfrøðr. 3) Sigfrøðr kinsman of Guðfrøðr and Hringr 'anulo'. 4) Haraldr. 5) Hárekr kinsman of Haraldr, ruler of Jutland. 6) Hárekr. 7) Sigfrøðr and Hálfdan. 8) Helgi. 9) Óláfr. 10) Gyrðr and Knútr (Gnúpa). 11) Siggeir (Sigtryggr).

As far as one can see it is assumed that all these kings ruled over Jutland, even though this is only explicitly stated about some of them. The names of all of them seem to have been taken from Latin works (except probably no. 7, Sigfrøðr and Hálfdan, see notes 19 and 31); some are kept in Latin form, though most are turned into Old Norse. No attempt has been made to trace their descent any further than is done in the Latin sources or to be more precise about the extent of their kingdoms. King Fróði, who comes immediately after Sigfrøðr and Hálfdan and is said to have ruled Jutland when the emperor Henry I made the Danes Christian, is from another stable. He is taken from a different source from the kings listed above, probably a Danish chronicle, see note 29 on p. 45. Neither his ancestry nor his descendants are mentioned.

What is said in Chapter 65 about the emperors and their reigns is taken from a Latin regnal list, see note 51 on p. 64.

II. (Chapters 61–64)

After Chapter 60 of ÓlTr there are four chapters derived from Old Norse sources. The following Danish kings are listed in them without any connection being made with those named above: 12) Sigurðr hringr. 13) Ragnarr loðbrók. Then come tributary kings in Jutland: 14) Óláfr enski Kinriksson. 15) Grímr grái Óláfsson. 16) Auðúlfr ǫflgi Grímsson. 17) Gormr hinn heimski Auðúlfsson. 18) Knútr fundni. 19) Gormr Knútsson. 20) Hǫrða-Knútr, son of Sigurðr ormr í auga. 21) Gormr the Old son of Hǫrða-Knútr. 22) Haraldr Gormsson.

The origin of this second group of Danish kings is not easily traced. As a start it seems clear that the series Sigurðr hringr → Ragnarr loðbrók → Sigurðr ormr í auga → Hǫrða-Knútr → Gormr the Old → Haraldr Gormsson comes from a source in which the ancestry of Danish kings was traced to Skjǫldr son of Óðinn. This series of kings from Sigurðr hringr to Haraldr Gormsson is the same in Árni Magnússon's transcript of material in Resensbók (AM 1 e β II fol., 86va13–88va5), where it is part of a series of Danish kings which is traced in one column from father to son, Skjǫldr being named first, and then the kings from him down to Knútr inn ríki.[2] A similar genealogy, identical from Óðinn to Haraldr hilditǫnn, but differently worded from Sigurðr hringr to Hǫrða-Knútr, appears in AM 415 4to, printed in *Alfræði* III 58–59. The same series as in Resensbók from Sigurðr hringr to the sons of Knútr inn ríki is also in a genealogy copied by Árni Magnússon from a vellum manuscript which is now burned (Ólafur Halldórsson 1990, 90–91 and references there). In Flateyjarbók (FlatChr I 26–27) there is a related genealogy traced from Skjǫldr son of Óðinn to Sigurðr hringr, though it is not precisely the same as in Resensbók. In Flateyjarbók it is clearly stated that Sigurðr hringr was son of Randverr brother of Haraldr hilditǫnn, but this does not come out in Árni's transcript from Resensbók until a supplementary list after the name of Knútr inn ríki: 'Valldaʀ milldi v*ar* .s. Hroars .h. s. Haralldr .s. h. Hálfdan snialli .s. h. Ivaʀ viðfaðmi .s. h. *(!)* Avðr divpvõga .h. d. Haralldr hillditoɴ heɴar .s. oc Randver radbards .s. Sigurð hringr h*an*s .s.' Scholars, e. g. Jakob Benediktsson and Bjarni Guðnason, have regarded these genealogies as derived from *Skjöldunga saga (*Opera* IV 114–15; Bjarni Guðnason 1963, 116 ff.). They are found in various other places that are not listed here, see the exhaustive account in Bjarni Guðnason 1963, 152–65 (which, however, lacks the genealogy from Resensbók).

In the genealogies of the Skjǫldungs that were mentioned above, the following kings are listed before Sigurðr hringr: Óðinn → Skjǫldr → Friðleifr → Friðfróði → Friðleifr → Hávarr handrami → Fróði → Varmundr vitri → Óláfr lítilláti → Danr mikilláti → Fróði friðsami → Friðleifr → Fróði hinn frœkni → Ingjaldr Starkaðarfóstri → Hálfdan → Helgi and Hróarr → Hrólfr kraki → Hrœrekr hnøggvanbaugi → Fróði → Hálfdan → Hrœrekr sløngvanbaugi → Haraldr hilditǫnn. If the original compiler of the text now preserved in Chapter 60 of ÓlTr knew this list he has entirely disregarded it and used other more reliable sources. Consequently it is not possible to determine whether this list existed when the text of Chapter 60 of ÓlTr was compiled. The text of this chapter of ÓlTr is no proof that the compiler did not know the beginning of *Skjöldunga

---

[2] In Resensbók Óðinn appeared at the head of the list. His name was in the top line of the column, but this line, according to Árni's note on ff. 86v–87r in AM 1 e β II fol., had been cut off the top of the leaf along with the upper margin.

saga. It is a sufficient explanation of why he included the text of Chapter 60 in his work that in it the introduction of Christianity, the first churches and the first bishops in Denmark are mentioned.

It is not easy to say what source the first four tributary kings in Jutland mentioned in Chapter 61 are derived from. Their names and nicknames alliterate together, like some names in the genealogies of the Skjǫldungs, which suggests that they have been thought up by a narrator, see above. None of them is found in surviving genealogies of the Skjǫldungs, though it is conceivable that Óláfr Kinriksson appeared in *Skjöldunga saga*. He is said to have been a tributary king in Jutland, subject first to Sigurðr hringr and later to Ragnarr loðbrók. His grandson is also said to have been tributary to Ragnarr loðbrók, while Gormr, son of Þræla-Knútr (Knútr fundni) is said to have been subject to the sons of Ragnarr. Thus it is assumed that six kings in Jutland were contemporaries of Sigurðr hringr, Ragnarr loðbrók and his sons and were subject to them, though if that had been so, the reigns of some of them would have had to have been on the short side. From this it is clear that Grímr grái, Auðúlfr ǫflgi and Gormr hinn heimski have no business in the list of kings and it remains unclear why they have been introduced into it.

One would expect the tale of Knútr fundni to have been the beginning of a saga in which he was made the ancestor of the kings of Denmark. In Jvs7 and JvsAJ Knútr fundni is said to have been the father of Gormr: 'sá var fyrst kallaðr Gormr hinn heimski, en þá er hann var roskinn Gormr hinn gamli eða hinn ríki' (Jvs7, 2.6–7); 'Filium Gormonem nomine, in prima ætate stultum, postea vero senem nuncupatum, suscepit' (*Opera* I 90.10–11: 'He had a son called Gormr, in his youth nicknamed the Foolish, but later on the Old'). The same descent was given in the exemplar of *Jómsvíkinga saga* used in Flateyjarbók, though there the texts of ÓlTr and Jvs are combined (FlatChr I 98). In Jvs291, however, it says that Knútr fundni fostered Hǫrða-Knútr, son of Sigurðr ormr í auga, and gave him his name, and that Gormr the Old was his son. Long ago it was pointed out that here Hǫrða-Knútr had been added into the list of kings in Jvs (Bjarni Guðnason 1963, 117–18 and references there). In Jvs it says that Arnfinnr father of Knútr fundni was Charlemagne's jarl. No thought is given here to the fact that Charlemagne died in 814, and the saga just assumes that Knútr fundni was born before this. According to the saga (Jvs7, JvsAJ), Haraldr Gormsson was the second generation from Knútr fundni and should then really have been born rather before the year 900. It may be that some historians noticed that the chronology could hardly be right and inserted some generations to make the story more credible.

In genealogies Hǫrða-Knútr is made to link together the branch of the royal genealogy that was descended from Óðinn (the Skjǫldungs) with that which had ruled Jutland (cf. Gjessing 1877, iii), thus making the members of the latter in fact the predecessors of the later Danish kings. Could he not in ancient stories have been the same person as Knútr fundni? They were both fostered by a king in Jutland called Gormr and they both had a son called Gormr. The best explanation seems to be this: that Hǫrða-Knútr was another name for Knútr fundni, and that Knútr fundni, as is said in Jvs291, gave his name to Hǫrða-Knútr, the element *Hǫrða* being derived from the Old Danish forest-name **harth* (assuming that this existed, see note 40 on p. 53), alluding to the fact that Knútr fundni was found in a forest (i. e. Skógar-Knútr). But when the Skjǫldungs began to make their appearance in the genealogies of the Danish kings the name Hǫrða-Knútr was stolen from Knútr fundni and slipped into the genealogy of the Skjǫldungs by making this new Knútr the son of Sigurðr ormr í auga.

Stories about Hǫrða-Knútr are undoubtedly ancient. Knútr inn ríki named one of his sons Hǫrða-Knútr. In this he was not giving his own name to this son of his; it was rather that he had taken this name from a story of one of his ancestors, a tale with which story-tellers may have provided entertainment in his court. According to the preserved accounts, Hǫrða-Knútr son of Sigurðr ormr í auga was an obscure king, whereas the Knútr who was found in the forest was of an origin that was reminiscent of the Biblical stories of the prophet Moses and related stories of exposed children (see p. 51 above; also Stith Thompson, *Motif-Index* S 312.1). But any written saga that began with the tale of Knútr fundni would most likely have been the **Saga of Knútr inn ríki.*

With Chapter 61 a narrative is picked up in the middle which had previously told about the forebears of Ragnarr loðbrók, that is Sigurðr hringr, Haraldr hilditǫnn, Ívarr víðfaðmi and Móǫld digra, and these people are referred to as if they had already been spoken of and so needed no introduction. But later (Chapters 62–63) the sons of Ragnarr loðbrók are spoken of with reference to their having avenged their father and killed King Ella in England, and it is also mentioned that Ívarr beinlauss was king in England for a long period, died of old age and was buried there in England, see note 45. In these passages, as has been said before, an attempt has been made to combine into one credible account two versions of the origin of the Danish kings, on the one hand traditions about Knútr fundni, on the other traditions of the Skjǫldungs. The material has been selected so as to ensure that it explained how Denmark was united into a single kingdom in the time of Gormr the Old and then passed as an undivided inheritance to his descendants, and at the same time showed that the Danes had from time immemorial had a right to rule in England.

It is clear from a comparison of ÓlTr, Rsþ and Jvs7 that the compiler of ÓlTr did not himself put together the text of these chapters from various sources, rather that he took them from a saga in which older sources had been arranged in accordance with the purpose of that saga and the overall picture that its author wished to create of the history of the Danish kings. Assuredly there is no direct proof available that Chapters 61 and 62 of ÓlTr were taken from this saga. The style in these chapters does not suggest that the compiler of ÓlTr rewrote and reworded them from an older source, unless in Chapter 62, where he probably has to some extent left his own mark on the conversation between Knútr fundni and the slaves, which is in direct speech, and the stylistic feature *þá er/en er . . . þá* is rarer in the passages about Þræla-Knútr than elsewhere in these texts. But the fact is, if Chapters 61 and 62 of ÓlTr were taken from the same saga as Chapters 63 and 64, that saga of the Danish kings was not **Skjöldunga saga*. In **Skjöldunga saga* the genealogy of the Danish kings was definitely traced to Óðinn. The author of the lost saga of the Danish kings did not find this appropriate, though it must even so be considered extremely likely that he did take material from **Skjöldunga saga*.

In Chapter 63 there appears Gnúpa, king in Reiðgotaland, whom Gormr son of Hǫrða-Knútr slew and whose kingdom he subjugated. This is definitely the same Gnúpa as Widukind mentions under the year 934 and Thietmar under the year 931, see note 28, pp. 44–45. It must be considered remarkable that a man writing the history of the Danish kings, as far as one can tell three rather than two centuries after the time of Gnúpa, should have been able to name him correctly. He could indeed perhaps have reconstructed the name either from Widukind's Saxon Chronicle or from Adam of Bremen's *History* (see note 33 on p. 47 above), but it is rather unlikely that he would have gone to such lengths to discover a plausible name for a king for Gormr the Old to kill. It is surely closer to the truth that he was either using oral tales or a lost Danish Chronicle — and actually a good deal more likely that he took King Gnúpa of Reiðgotaland from oral tradition than that he found it in a Danish chronicle.

In Chapter 62 we read: 'Svá er sagt at á einu kveldi kómu til hirðar Knúts konungs tveir saxneskir menn', and in Chapter 63 this: 'Svá er sagt at Loðbrókarsynir hafi rekit mestan hernað í forneskiu um ǫll þessi lǫnd.' This phrase, *Svá er sagt*, at the beginning of a story cannot be taken as an indication of an oral source. The same phrase comes at the beginning of Chapter 60: 'Svá er sagt at Arnúlfus hét maðr heilagr [. . .]'. This is taken from a written Latin source and translated into Icelandic, and there is no likelihood that this translation was transmitted orally.

III. (Chapters 66–70, 72, 84–86, 88 and 90)

In Chapters 66–70, 72, 84–86, 88 and 90 the text is parallel to *Jómsvíkinga saga*, but it must be considered very uncertain whether the compiler of ÓlTr took the material in these chapters that corresponds to Jvs from a manuscript of that saga or from the saga of the Danish kings which it is assumed above that he used. Actually it is possible that he was combining material from two exemplars, Chapters 66–70, 72, 84 and 85 being derived from a saga of the Danish kings, while in Chapters 86, 88 and 90 account was taken of Jvs. If the compiler of ÓlTr took any of these passages from a saga of the Danish kings, then this saga would have been an intermediate link between Jvs and ÓlTr. Otherwise one has to assume a manuscript of Jvs containing the same version as Jvs291, but in a quite different style, see p. 71.

The compiler of ÓlTr interspersed a large part of Hallar-Steinn's *Rekstefja* through his work. He is likely to have used the same procedure and to have inserted stanzas from *Búadrápa* and *Jómsvíkingadrápa* into accounts of the Jomsvikings, whether he took these accounts from Jvs or from a saga of the Danish kings.

IV. (Chapters 65–72 and 84–90)

In Chapters 65–72 and 84–90 of ÓlTr there is material from *Heimskringla* in between pieces of text derived from other sources, sometimes just passages of varying lengths, sometimes whole chapters. The text that is taken from *Heimskringla* seems, judging by the relationship with other manuscripts, to be derived from the same manuscript as other parts of the text of *Heimskringla* in ÓlTr. This indicates unequivocally that it was the compiler of ÓlTr himself who combined these texts.

V. (Chapter 90)

In Chapter 90 there is a short passage from *Færeyinga saga* which the compiler may have taken from the same manuscript as other passages from that saga in ÓlTr. This is, however, not certain. The passage begins 'Sumir menn segia', and later on we read: 'Segia þeir er þat sanna'. This may mean that the compiler knew the account of Sigmundr Brestisson's part in the battle at Hjǫrungavágr in more sources than one, for example in *Færeyinga saga* and a saga of the Danish kings (see FærÓH lxxiv–lxxv), and wrote the passage from memory.

VI. (Chapters 86, 88 and 90)

In Chapters 86, 88 and 90 of ÓlTr nine complete stanzas and three half-stanzas from Þorkell Gíslason's *Búadrápa* are included, see note 73, p. 76, and sixteen stanzas and two half-stanzas from *Jómsvíkingadrápa*, see note 69, pp. 75–76.

THE COMPILER'S METHODS

The parts of ÓlTr which are printed above at the beginning of this book were taken by the compiler from written sources from which he has selected only the parts he found suitable as an introduction to his account of the final Christianisation of the Danes and the part played by Óláfr Tryggvason in that achievement.

The compiler seems to have treated the text of these sources in a similar way to the material he took from the works of Snorri Sturluson, and to have altered the wording much less than he did with various things that he derived from other written sources. Even so, his method of working in these passages is plain. He has taken the main part of the account of the Battle of the Jomsvikings from his manuscript of *Heimskringla*, but in many places inserted additions from *Jómsvíkinga saga*. This is fully consistent with his method of working elsewhere in ÓlTr; he evidently preferred *Heimskringla* and followed its text wherever he could do so, but was not shy of expanding its account from other sources or out of his own head. Moreover he has in these passages departed from his sources wherever he saw an opportunity of introducing people's conversation in direct speech. Two of the clearest examples of this are the exchanges between the emperor Otto and Óláfr Tryggvason in Chapter 70 and the words of Jarl Sigvaldi in Chapter 84, when he announced his business with King Búrizláfr and asked for his daughter Ástríðr's hand, including a considerable bit of speech which is attributed to Jarl Sigvaldi. Here the compiler has followed the same procedure as in many other places in ÓlTr.

MANUSCRIPTS

(References are to page numbers)

Árni Magnússon's collection: Den arnamagnæanske samling, Copenhagen and Stofnun Árna Magnússonar á Íslandi, Reykjavík:

AM 1 eβ II fol.: 48, 87.
AM 53 fol. (B): 4, 51.
AM 54 fol. (C^1): 4, 51.
AM 61 fol. (A): 4, 51, 63.
AM 62 fol. (D^1): 4, 39.
AM 147 4to: 53, 54, 58, 85.
AM 291 4to: 71, 74, 77, 78, 83, 84.
AM 310 4to: 65.
AM 415 4to: 87.
AM 510 4to: 78
GKS 1005 fol. (Flateyjarbók, D^2): 4, 39.
GKS 2367 4to: 75.

Royal Library, Copenhagen:

NKS 1824b 4to: 53.

Royal Library, Stockholm:

Perg. fol. nr. 1 (Bergsbók): 51.
Perg. 4to nr. 7: 85.
Papp. fol. nr. 76: 42, 64.

University Library, Uppsala:

Uppsala DG 36: 64.

Bibliothèque Nationale, Paris:

Codex Parisinus n. 5942: 38.

BIBLIOGRAPHY AND ABBREVIATIONS

Abbo: Life of St. Edmund from Ms Cotton Tiberius B.ii. In *Three Lives of English Saints*. Edited by Michael Winterbottom. Published for the Centre for Medieval Studies by the Pontifical Institute of Mediaeval Studies. Toronto 1972, 65–87.

Adam of Bremen's *History: Magistri Adam Bremensis Gesta Hammaburgensis ecclesiae Pontificum*. Quellen XI.

AF: *Annales Fuldenses*. Quellen VII.

Alfræði III: *Alfræði íslenzk. Islandsk encyklopædisk litteratur*. III. *Landalýsingar m. fl.* Udgivet for STUAGNL ved Kr. Kålund. København 1917–18.

Alver, Brynjulf 1970: *Dag og merke. Folkeleg tidsrekning og merkedagstradisjon*. Universitetsforlaget. Oslo 1970.

Anglo-Saxon Chronicle: *Two of the Saxon Chronicles Parallel*. I–II. Ed. C. Plummer and J. Earle. Oxford 1892–99.

AnnStorm 1888: *Islandske Annaler indtil 1578*. Udgivne for det norske historiske Kildeskriftfond ved Dr. Gustav Storm. Christiania 1888.

ArF: *Annales regni Francorum* [. . .] Post editionem G. H. Pertzii recognovit Fridericus Kurze. SrG 1895.

Ásgeir Blöndal Magnússon, *Íslensk orðsifjabók*. Reykjavík 1989.

Bibl. Arn.: *Bibliotheca Arnamagnæana*. I–. Hafniæ 1941–.

Bjarni Aðalbjarnarson 1937: *Om de norske kongers sagaer*. Oslo 1937.

Bjarni Guðnason 1963: *Um Skjöldungasögu*. Reykjavík 1963.

Bjarni Guðnason, ed., 1982: *Danakonunga sǫgur* [. . .] Bjarni Guðnason gaf út. Íslenzk fornrit XXXV. Reykjavík 1982.

Blake, N. F., ed., 1962: *Jómsvíkinga Saga / The Saga of the Jomsvikings*. Translated from the Icelandic by N. F. Blake. London 1962.

Bugge, Sophus 1895: *To Runestene fra Sønderjylland og deres historiske Betydning*. Af Dr. Gustav Storm. (Med et Tillæg af Dr. Sophus Bugge.) [Norsk] Historisk Tidskrift 3. Række III. 1895, 378–79.

Carolingian Chronicles. Royal Frankish Annals and Nithard's Histories. Translated by Bernhard Walter Scholz with Barbara Rogers. Ann Arbor, Michigan 1989.

Christiansen, Eric, trans., 1992: *The Works of Sven Aggesen, Twelfth-Century Danish Historian*. Translated with Introduction and Notes by Eric Christiansen. London 1992.

Faulkes, Anthony 1977: 'The Genealogies and Regnal Lists in a Manuscript in Resen's Library'. In *Sjötíu ritgerðir helgaðar Jakobi Benediktssyni 20. júlí 1977*. Reykjavík 1977, 180–90.

Bibliography

FlatChr I: *Flateyjarbók. En Samling af norske Konge-sagaer* [...] Udgiven efter offentlig Foranstaltning. Förste Bind. [Ed. Guðbrandr Vigfússon and C. R. Unger] Christiania 1860.

Foote, Peter G. 1959a: *The Pseudo-Turpin Chronicle in Iceland. A Contribution to the Study of the Karlamagnús saga.* London Mediæval Studies. London 1959.

Foote, Peter G. 1959b: 'Notes on Some Linguistic Features in AM 291 4to'. *Lingua Islandica — Íslenzk tunga. Tímarit um íslenzka og almenna málfræði.* Ritstjóri Hreinn Benediktsson. 1. árg. Reykjavík 1959, 26–47.

FskFJ: *Fagrskinna. Nóregs kononga tal.* Udgivet for STUAGNL ved Finnur Jónsson. København 1902–03.

FærÓH: *Færeyinga saga.* Ólafur Halldórsson bjó til prentunar. Reykjavík 1987.

GeringÍÆ: *Íslendzk æventýri. Isländische Legenden Novellen und Märchen.* Herausgegeben von Hugo Gering. Erster Band. Text. Halle A. S. 1882.

Gesta Hammaburgensis: in Quellen XI. See Adam of Bremen.

Gjessing, A., ed., 1877: *Jómsvíkinga-saga i latinsk Oversættelse af Arngrim Jonsson.* Udgiven af A. Gjessing. Kristianssand 1877.

Groth, P., ed., 1895: *Det Arnamagnæanske Haandskrift 310 qvarto. Saga Ólafs konungs Tryggvasonar er ritaði Oddr muncr.* Udgivet for det norske historiske Kildeskriftfond af P. Groth. Christiania 1895.

HbFJ: *Hauksbók.* Udgiven efter de Arnamagnæanske håndskrifter no. 374, 554 og 678, 4to, samt forskellige papirhåndskrifter, af Det Kongelige Nordiske Oldskrift Selskab. [Ed. Finnur Jónsson] København 1892–96.

Hem554: *Hemings þáttr Áslákssonar.* Edited by Gillian Fellows Jensen. Editiones Arnamagnæanæ. Series B, vol. 3. Copenhagen 1962.

HkrFJ I–III: *Heimskringla. Nóregs konunga sǫgur af Snorri Sturluson.* I–III. Udgivne for STUAGNL ved Finnur Jónsson. København 1893–1900.

ÍF: *Íslenzk fornrit.* I–. Reykjavík 1933–.

Jansson, Sven B. F. 1987: *Runes in Sweden.* Translated by Peter Foote. Värnamo 1987.

Jvdr: *Jómsvíkingadrápa.*

Jvs: *Jómsvíkinga saga.*

Jvs7: *(Jómsvíkinga saga* in Perg. 4to nr. 7) *The Saga of the Jomsvikings.* Translated from the Icelandic with Introduction, Notes and Appendices by N. F. Blake. London 1962.

Jvs291: (*Jómsvíkinga saga* in AM 291 4to) *Jómsvíkinga saga efter Arnamagnæanska handskriften N:o 291. 4:to.* I diplomatariskt aftryck utgifven af Carl af Petersens. København 1882.

JvsAJ: *Historia Jomsburgensium seu Juliniensium.* In *Opera* I.

JvsFlat: *Jómsvíkinga saga* in Flateyjarbók.
JvsÓH: *Jómsvíkinga saga*. Ólafur Halldórsson bjó til prentunar. Reykjavík 1969.
Konráð Gíslason 1877: *Om Helrim i første ok tredje Linie af regelmæssigt 'dróttkvætt' og 'hrynhenda'*. Kjøbenhavn 1877.
Krijn, S. A. 1914: *De Jómsvíkingasaga*. Leiden 1914.
Kulturhistorisk leksikon V: *Kulturhistorisk leksikon for nordisk middelalder fra vikingetid til reformationstid*. Bind V. Reykjavík 1960.
Larsen, Sofus 1932: *Kilderne til Olaf Trygvasons Saga*. København 1932.
Legende Karls des Grossen im 11. und 12. Jahrhundert, Die. Herausgegeben von Gerhard Rauschen. Publikationen der Gesellschaft für Rheinische Geschichtskunde 7. Leipzig 1890.
Lexicon poeticum: Lexicon poeticum antiquæ linguæ septentrionalis. Ordbog over det norsk-islandske skjaldesprog. Oprindelig forfattet af Sveinbjörn Egilsson. Forøget og påny udgivet for Det Kongelige nordiske Oldskriftselskab. 2. udgave ved Finnur Jónsson. København 1931.
MarUnger: *Maríu Saga. Legender om Jomfru Maria og hendes Jertegn*. Efter gamle Haandskrifter udgivne af C. R. Unger. Christiania 1874.
MGHSS: *Monumenta Germaniæ historica*. Edidit Georgius Heinricus Pertz. Scriptorum tomus II, III. Hannoverae 1829, 1839. Unveränderter Nachdruck. Stuttgart and New York 1963.
MskFJ: *Morkinskinna*. Udgivet for STUAGNL ved Finnur Jónsson. København 1932.
Munch, P. A. 1853: *Saga Ólafs konungs Tryggvasunar. Kong Olaf Tryggvesöns Saga* forfattet paa Latin af Odd Snorresøn Munk i Thingeyre Kloster paa Island, og siden bearbeidet paa Norsk. [. . .] udgiven af P. A. Munch. Christiania 1853.
Nordisk kultur VI: *Runorna*. Utgiven av Otto v. Friesen. Nordisk kultur VI. Stockholm 1933.
Ólafur Halldórsson 1977: 'Fjórar klausur í Flateyjarbók'. In *Sjötíu ritgerðir helgaðar Jakobi Benediktssyni 20. júlí 1977*. Reykjavík 1977, 609–20.
Ólafur Halldórsson 1990: 'Um Danakonunga sögur'. *Gripla* VII. Reykjavík 1990, 76–102.
ÓlO: *Ólafs saga Tryggvasonar* by Oddr munkr Snorrason.
ÓlO18: ÓlO in Perg. 4to nr. 18.
ÓlO310: ÓlO in AM 310 4to.
ÓlOFJ: *Saga Ólafs Tryggvasonar af Oddr Snorrason munk*. Udgivet af Finnur Jónsson. København 1932.
Olrik, Axel 1894: *Skjoldungasaga i Arngrim Jonsons udtog*. Meddelt af

Axel Olrik. Aarbøger for nordisk Oldkyndighed og Historie. Udgivet af Det Kongelige Nordiske Oldskrift-Selskab. II. Række. 9. Bind. København 1894.

ÓlTrEA I: *Óláfs saga Tryggvasonar en mesta.* Udgivet af Ólafur Halldórsson. Første bind. Editiones Arnamagnæanæ. Series A, vol. 1. København 1958.

Opera I: *Arngrimi Jonae Opera Latine conscripta.* Edidit Jakob Benediktsson. Vol. I. Bibliotheca Arnamagnæana IX. Hafniæ 1951.

Opera IV: *Arngrimi Jonae Opera Latine conscripta.* Edidit Jakob Benediktsson. Vol. IV. Bibliotheca Arnamagnæana XII. Hafniæ 1957.

OrknSN: *Orkneyinga saga.* Udgivet for STUAGNL ved Sigurður Nordal. København 1913–16.

Quellen V: *Ausgewählte Quellen zur deutschen Geschichte des Mittelalters.* Freiherr vom Stein-Gedächtnisausgabe. Herausgegeben von Rudolf Buchner. Band V. Darmstadt 1956.

Quellen VI: *Ausgewählte Quellen zur deutschen Geschichte des Mittelalters.* Freiherr vom Stein-Gedächtnisausgabe. Herausgegeben von Rudolf Buchner. Band VI. Darmstadt 1958.

Quellen VII: *Ausgewählte Quellen zur deutschen Geschichte des Mittelalters.* Freiherr vom Stein-Gedächtnisausgabe. Herausgegeben von Rudolf Buchner. Band VII. Darmstadt 1960.

Quellen XI: *Ausgewählte Quellen zur deutschen Geschichte des Mittelalters.* Freiherr vom Stein-Gedächtnisausgabe. Herausgegeben von Rudolf Buchner. Band XI. Darmstadt 1976.

RagnOlsen: *Vǫlsunga saga ok Ragnars saga loðbrókar.* Udgivet for STUAGNL ved Magnus Olsen. København 1906–08, 111–222.

Rsþ: *Ragnarssona þáttr.*

SGD: *Saxonis Gesta Danorum.* Primum a C. Knabe & P. Herrmann recensita recognoverunt et ediderunt J.Olrik & H. Ræder. Tomus I textum continens. Hauniæ 1931.

SHI: *Scripta historica Islandorum. De rebus gestis veterum borealium, latine reddita et apparatu critico instructa, curante Societate regia antiquariorum Septentrionalium.* Volumen primum. *Historia Olavi Tryggvii filii. Pars prior.* Hafniæ 1828.

Skjd A: *Den norsk-islandske skjaldedigtning.* Ved Finnur Jónsson. A, tekst efter håndskrifterne. I–II. København 1912–15.

Skjd B: *Den norsk-islandske skjaldedigtning.* Ved Finnur Jónsson. B, rettet text. I–II. København 1912–15.

SMHDMÆ I: *Scriptores minores historiæ Danicæ medii ævi.* Ex codicibvs denvo recensvit M. Cl. Gertz [. . .] Vol. I. Reprografisk genudgivet og forlagt af Selskabet for Udgivelse af Kilder til dansk Historie. København 1970.

Smith, A. H. 1936: 'The Early Literary Relations of England and Scandinavia'. *Saga-Book* XI. 1928–36, 215–32.

SnEFJ: *Edda Snorra Sturlusonar.* Udgivet efter håndskrifterne af Kommissionen for Det Arnamagnæanske Legat ved Finnur Jónsson. København 1931.

SrG: *Scriptores rerum Germanicarum in usum scholarum.*

Stefán Karlsson 1964: 'Aldur Hauksbókar'. *Fróðskaparrit* XIII. 1964, 114–121.

Storm, Gustav 1873: *Snorre Sturlassöns Historieskrivning, en kritisk Undersögelse.* Kjöbenhavn 1873.

Storm, Gustav 1878: *Kritiske Bidrag til Vikingetidens Historie* (I. *Ragnar Lodbrok og Gange-Rolv*). Kristiania 1878.

Storm, Gustav 1880: 'I Anledning af Hr. Johannes Steenstrups "Danske Kolonier i Flandern og Nederlandene i det 10de Aarhundrede"'. [Norsk] *Historisk Tidsskrift.* 2. Række II. 1880, 158–81.

Storm, Gustav 1895: 'To Runestene fra Sønderjylland og deres historiske Betydning'. [Norsk] *Historisk Tidsskrift.* 3. Række III. 1895, 355–78.

ThomEM I: *Thómas saga erkibyskups. A Life of Archbishop Thomas Becket, in Icelandic, with English Translation, Notes and Glossary.* Edited by Eiríkr Magnússon. Volume I. London 1878.

Thompson, Stith. *Motif-Index of Folk-Literature.* Rev. and enl. ed., 3rd pr. Bloomington, IN. 1975–76.

ThomUnger: *Thomas Saga Erkibyskups. Fortælling om Thomas Becket Erkebiskop af Canterbury. To Bearbejdelser samt Fragmenter af en tredie.* Efter gamle Haandskrifter udgiven af C. R. Unger. Christiania 1869.

VerJB: *Veraldar saga.* Udgivet for STUAGNL ved Jakob Benediktsson. København 1944.

Widukind: *Res gestae Saxonice.* MGHSS III.

Winterbottom, M. 1972: *Three Lives of English Saints.* Edited by Michael Winterbottom. Published for the Centre for Medieval Studies by the Pontifical Institute of Mediaeval Studies. Toronto 1972.

INDEX OF NAMES

(References are to page numbers)

Abbo's Life of Edmund 59.
Abodriti, people 35, 36.
Adam of Bremen 39–42, 44–48, 70, 85.
Adam of Bremen's History 40, 41, 46, 90.
Aðalbrikt (Aðalsteinn, Athelstan), king 11, 12, 55, 56.
Aðalmundr Játhgeirsson (Athelmund son of Edgar) 11, 55.
Agapítus páfi (Agapitus II, pope) 7, 46.
Agðir 54.
Ágrip af Noregskonunga sǫgum 74.
Ágrip af sǫgu Danakonunga 47.
Agrippina Colonia (Köln, Cologne) 43.
Áki Pálnatókason 18, 19, 26, 32, 79, 84.
Alamannia 44.
Alviðra in Dýrafjǫrðr 29, 82.
Álǫf Stefnisdóttir 18.
Angandeo (Angantýr), brother of Hemingr 37.
Angíses, duke 5.
Anglia 48.
Anglo-Saxon Chronicle 48, 49–50, 52, 61.
Annales Bertiniani 44.
Annales Fuldenses 40–44, 64, 85, 85–86.
Annales Marbacenses 34.
Annales regni Francorum 34–39, 85, 86.
Annales Vedastini 44.
Annales Wirziburgenses 64.
AnnStorm 35.
Ansgar (Ansgaríus), bishop 6, 39–41.
Ansigius, duke, see Angíses 34.
Anulo, nephew of Haraldr (Herioldus) 37, 38.
Aquense palatium (Aachen) 43.
Aquisgranum (Aachen) 6.
Aquitanía (Aquitaine) 6, 42.
Armfermir (Arnfermir, Arnfinnr) 9, 50, 51.
Ármóðr of Ǫnundarfjǫrðr 25, 26, 78–80.
Arnaldus (Arnolfus, Arnulfus), emperor, son of Carloman 6, 13, 44.
Arnfinnr, jarl in Saxony, see Armfermir 50, 51, 88.
Arngrímur lærði Jónsson 48.
Árni Ármóðsson 78.
Árni Magnússon 48, 49, 87.
Arnulfus (Avrnolfr), jarl, archbishop 5, 34, 90.
Árós (Arusa, Harusa, Århus) 7, 45, 46.
Ásfríðr Óðinkársdóttir 47.
Ásgeir Blöndal Magnússon 34.
Áslákr hólmskalli 26, 29, 30, 79, 82.
Ástríðr Búrizláfsdóttir 19, 21, 92.
Auðr djúpúðga Ívarsdóttir, see Unnr Ívarsdóttir 87.
Auðúlfr ǫflgi Grímsson 8, 49, 86, 88.
Baioaria (Baiern) 43.
Baioarii (inhabitants of Baiern) 42.
Battle of Brávellir 49.
Battle of the Jomsvikings 75, 79, 92.
Bavaria 42.
Begám Pippínsdóttir 5.
Beowulf 51.
Bible 51.
Bjarni Guðnason 87.
Bjarni Kolbeinsson, bishop 21, 22, 24–26, 29, 32, 33, 76, 85.
Bjǫrn hinn brezki 32, 33, 83.
Bjǫrn járnsíða Loðbrókarson 10, 54.
Bloch, Hermann 34.
Blæja Elludóttir 9, 10, 54, 52.
Borgundarhólmr (Bornholm) 18, 19.
Borgundía (Burgundia, Burgundy) 6, 42.
Borró 63.
Brávellir 49.
Bretland 18, 33.
Brimar (Bremen) 7, 41, 44, 45.
Brimisskjarr, jarl 14, 18, 65, 66.
Búadrápa 23, 25–28, 30, 31, 76, 79–81, 85, 91, 92.
Brøndum-Nielsen, Johannes 47.
Bugge, Sophus 60.
Búi hinn digri Vésetason 18, 19, 22, 24, 26, 28, 30, 76, 78–80, 82.
Bunna (Bonn) 43.
Búrizláfr (Boleslav I), king of the Wends 15, 18, 19, 21, 66, 73, 92.

Cameracus (Cambrai) 43.
Charlemagne (Karlamagnús, Karl hinn mikli, Charles the Great), emperor 5, 6, 12, 13, 34–36, 38, 42, 51, 64, 88.
Charles III, king of Alamannia 44.
Charles, son of Louis the Pious 64.
Christ, see Jesús Kristr 44, 45.
Cleveland in Yorkshire 61.
Cnuto (Cnut), see Gnúpa 45.
Codex Regius of Snorri's Edda 75.
Constantinople 34, 35.
Danaherr 6, 11, 56.
Danakonungr 14, 18, 20, 66, 67, 69.
Danalið 5, 6.
Danaveldi 7, 14, 15, 60, 70.
Danavirki 14–17, 67, 71–73.
Dania (Denmark) 45–47.
Danir (Danes, Dani) 6, 7, 11–13, 15–17, 35–41, 43–46, 48, 49, 52, 56, 70, 73, 85, 86, 89, 92.
Danmǫrk (Denmark) 4–7, 10, 12–15, 18–22, 26, 39–41, 45, 46, 54–57, 59, 60, 63–65, 70–72, 75, 84, 85, 88, 89.
Danr mikilláti 87.
Domus Carolingicae genealogia 34.
Dublin 62.
Dyle, river 44.
Dýrafjǫrðr 82.
East Franks 41–44.
Eava (Eafa) Ubbason 8, 48, 49.
Edmund the Saint (Játmundr, Eatmundr hinn helgi) 10, 11, 54, 55, 59, 61.
Eider (Egdera, Egdora, Egidora) 5, 36, 37, 41.
Einhard 34, 35, 85, 86.
Einhard's *Vita Karoli Magni* 34, 35.
Eiríkr jarl Hákonarson 26, 29, 31–33, 82–84.
Ella (Ælle), king of Northumbria 9, 10, 52, 54, 58, 89.
England 7, 9–11, 47, 48, 52, 54–56, 58, 61, 62, 85, 89.
Eoppa (Ioppa) 48.
Erlingr Hákonarson 27, 80.
Ethelwlfus (Æthelwulf), king of the West Saxons 49.
Eygotaland 10, 54, 59, 60.
Fagrskinna 61, 62, 72–74, 77, 78, 81.
Fjón (Fyn) 18, 19, 33.
Flateyjar annáll 36.
Flateyjarbók 77, 82, 87.
Forni annáll 36.
Frakkland 5, 6, 10, 34, 54.
Frankia 45.
Franks (Franci) 36, 37, 42.
Friðfróði 87.
Friðleifr I 87.
Friðleifr II 87.
Friðleifr III 87.
Friðrekr, missionary bishop 74.
Frisia (Fresia) 36, 39, 44, 45.
Frisians (Frísir, Frisi, Fresones) 5, 36, 45.
Fróði I 87.
Fróði II 87.
Fróði friðsami 87.
Fróði hinn frœkni 87.
Fróði (Frothi), king of Jutland 7, 45, 46, 86.
Færeyinga saga 82, 85, 91.
Færeyjar (Faeroe islands) 30.
Gallia 42.
Gautland 10, 17, 18, 54.
Geira Búrizláfsdóttir 19.
Geirmundr in Jaðarr 24, 77, 78.
Germany (Germania) 42.
Glestingabúr (Glastonbury) 48.
Gnúpa (Knútr, Chnuba, Chnob), king of Jutland 7, 10, 45–47, 55, 60, 61, 86, 90.
Godefridus (Goðfrøðr, Guðfrøðr), king of Jutland 5, 35, 36, 38, 39, 86.
Gormr hinn gamli (Gormr the Old), son of Hǫrða-Knútr 2, 10–13, 44, 45, 50, 54–57, 59–64, 77, 86, 88, 89, 90.
Gormr hinn heimski Auðúlfsson 8, 49, 50, 51, 52, 86, 88.
Gormr, son of Knútr fundni 9, 10, 54, 52, 59, 86, 88.
Gormssynir 11, 56.
Gottorp 47.
Gottskálks annáll 36.
Grímr grái Óláfsson 8, 49, 86, 88.
Groth, P. 71.

Index

Guðfrøðr, viking leader 6, 44, 46.
Gull-Búi, see Búi hinn digri Vésetason 26.
Gull-Haraldr Knútsson 70.
Gundolfi villa (Gondreville) 43.
Gunnhildr Búrizláfsdóttir 19, 21.
Gunnlaugr Leifsson 65, 70–72.
Guthormr (Gudurm), nephew of Hárekr 6, 40, 41.
Gyrðr (Gurd), king of Jutland 7, 46, 47, 86.
Hákon Hlaðajarl Sigurðarson 13, 14, 16–18, 22, 27–30, 64–68, 70, 71, 73, 76, 78, 80, 81.
Hákonar saga góða 77.
Hálfdan I 87.
Hálfdan II 87.
Hálfdan snjalli Haraldsson 47, 87.
Hálfdan, king of the Danes 6, 7, 41, 46, 86.
Halland 10, 54, 59.
Hallar-Steinn 91.
Hallvarðr, courtier 50, 52.
Hancwin (Hákon), brother of Hemingr 37.
Haraldr (Harioldus, Herioldus), king of the Danes 5, 6, 37–40, 86.
Haraldr hinn hárfagri, king in Norway 13, 64.
Haraldr gilli, king in Norway 74.
Haraldr blátonn Gormsson, king of the Danes 2, 4, 11–14, 17, 18, 46, 50, 55–57, 61–64, 66–68, 70, 72–74, 85–88.
Haraldr gráfeldr, king in Norway 70.
Haraldr harðráði Sigurðarson, king in Norway 61.
Haraldr hilditonn 7, 47, 87, 89.
Haraldr Valdarsson 87.
Hardecnudth Vurm 45.
Hardegon, filius Suein (son of Sveinn) 47.
Hardsyssel (Harthesysæl) 53.
Hárekr I, nephew of Haraldr (Herioldus), see Horuc 5, 6, 39–41, 86.
Hárekr II, king in Jutland 6, 40, 41, 86.
Haspanicus pagus (Haspengau) 43.
Haukagil in Vatnsdalr 74.
Hauksbók 53, 58, 60.
Hávarðr, courtier 50, 52.
Hávarðr hoggvandi 26, 29, 30, 79, 82.
Hávarr handrami 87.
Heiðabœr (Hedeby), see Schleswig 6, 7, 41.
Heiligen (place-name, Helganes in Jutland?) 36, 37.
Heiligo, see Helgi, king of the Danes 46.
Heimskringla 4, 60, 62, 64, 65, 69, 72–85, 91, 92.
Helgi Hálfdanarson, father of Hrólfr kraki 87.
Helgi, king of the Danes 7, 46–48, 86.
Hemingr (Hemmingus), nephew of Guðfrøðr 5, 36, 37, 86.
Hemingr Strút-Haraldsson 18, 75.
Hemmingus, brother of Haraldr and Ragnfrøðr 38.
Henry I (Heinrekr), king and emperor 7, 13, 44, 45, 86.
Heredus, bishop in Hedeby 7.
Hericus (Eiríkr), king in Jutland 45.
Hervarar saga ok Heiðreks 60.
Hildigardis (Hildigardén), queen 5, 35.
Hildigunnr, wife of Véseti 18.
Hinguar (Yngvarr, Ingwar), see Ívarr hinn beinlausi 54, 58, 59.
Hjorungavágr 25, 77, 79, 91.
Hludowicus III, king of the West Franks, son of Louis the German (Hloðver II) 43.
Hloðver Arnaldusson, emperor 13.
Hloðver I Karlamagnússon, see Louis the Pious 5, 6.
Hloðver II Hloðversson, see Louis the German, son of Louis the Pious 6, 12, 42.
Hloðver III hinn ungi Hloðversson, see Louis the Young 6, 13, 43.
Hollsetuland (Holtsetuland, Holstein, Holsatia) 8, 9, 50–52, 60.
Horic II, see Hárekr II 40, 41.
Horitus (Haredus), bishop in Schleswig 46.
Horuc, Horic, see Hárekr nephew of Haraldr 39, 40.
Hringr (Sigurðr hringr) 8.

Hringr anulo, king in Jutland, see Anulo 5, 37, 86.
Hróarr Hálfdanarson 87.
Hrólfr kraki Helgason 87.
Hrœrekr hnøggvanbaugi 87.
Hrœrekr sløngvanbaugi 87.
Hrœrekr, lord of the Frisians 5, 36.
Hubba (Ubba), see Hústó 59.
Húnland 60.
Húnó, see Unni archbishop 6, 7, 44, 46.
Hústó 54, 58, 59.
Hvítserkr Loðbrókarson 10, 54, 59.
Hystoria Francorum 40, 41.
Hǫlgabrúðr 28, 81.
Hǫrð in Jutland 9, 53, 59, 60.
Hǫrða-Knútr, son of Knútr hinn ríki 53, 89.
Hǫrða-Knútr Sigurðarson 9, 10, 52–55, 59, 60, 86–89.
Ieldunes (Jǫldunes) 62.
Inas (Ine), king of the West Saxons 48.
Inda 43.
Ingibjǫrg Óttarsdóttir 18.
Ingibjǫrg Þorkelsdóttir 33, 84.
Ingjaldr (Ingild, Ingeld, Ingesilus), English king 7, 47–49.
Ingjaldr Starkaðarfóstri 87.
Ioppa 48.
Ireland 62.
Ísland (Iceland) 13, 64.
Italy (Italia) 42.
Ívarr hinn beinlausi 7–9, 11, 54–56, 58, 59, 61, 89.
Ívarr víðfaðmi Hálfdanarson 47–49, 87, 89.
Jaðarr (Jæren in Norway) 24, 76–78.
Jakob Benediktsson 87.
Jelling 2, 60, 63.
Jesús Kristr 6, 7, 40, 46.
Jómsborg 19–21, 69.
Jómsvíkinga saga 4, 50, 51, 60, 61, 64, 70–73, 75, 77–82, 84, 85, 88, 91, 92.
Jómsvíkingadrápa 21, 24, 27, 28, 30, 32, 75–85, 91, 92.
Jómsvíkingar (Jomsvikings) 18, 19, 21, 22, 24, 26–28, 31, 33, 75–78, 80, 83, 84.
Jórvík (York) 11, 56, 61.
Jótland (Jutland) 2, 5–12, 17, 35, 45, 48–50, 53, 55, 57, 59, 60, 63, 86, 88, 89.
Jvs7 50, 53, 58, 60, 62, 63, 76–78, 81, 83, 84, 88, 90.
Jvs291 60, 62, 63, 65–69, 71–78, 80, 81, 88, 89.
Jvs510 76, 78, 81, 83.
JvsAJ 60, 62, 71, 74, 77, 81, 83, 88.
JvsFlat 71, 76, 77, 78, 81, 83, 84.
Jöfraskinna 83.
Karl hinn mikli, Karlamagnús, see Charlemagne 34.
Karl Hlǫðversson, see Karlus, son of Louis the Pious 6, 12, 13.
Karl (Karolus), son of Pippinus son of Angisius 5, 34.
Karlevi stone 63.
Karlómannus, son of Louis II 12, 13.
Karlus (Charles), son of Louis the Pious 42.
Kerlingaland 6, 43.
Kiev 34.
Kinrik, nephew of Móǫld digra 7, 48, 49.
Klakk-Haraldr, jarl 10, 55, 60.
Kliflǫnd (Cleveland) 11, 56, 61.
Knútr Danaást Gormsson 11, 12, 55–57, 61–63, 77.
Knútr fundni (Þræla-Knútr) 8–10, 50, 51, 54, 86, 89, 90.
Knútr hinn ríki Sveinsson 53, 87, 89.
Knýtlinga saga 72.
Kólni (Cologne) 6.
Kong Valdemars Jordebog 53.
Konráðr Konráðsson, emperor 13.
Kormáks saga 61.
Landnámabók 35, 64.
Legende Karls des Grossen, Die 34.
Leo, emperor 5, 34, 35.
Leo, pope 34.
Liber de episcopis Mettensibus 34.
Líðandisnes in Norway 18, 54, 68.
Lívedagus (Liafdagus), bishop in Ribe 7, 46.
Loðbrókarsynir 10, 11, 54–56, 58, 90.
Lothoringía (Lotharingia, Lothringen) 6, 42.

Lotharius (Hlutharius, Lothair), son of Louis the Pious 6, 42, 44.
Louis II the German (Hludowicus, Loduvicus, Ludewicus, Ludvicus), son of Louis the Pious, king of the East Franks, see Hlǫðver II Hlǫðversson 6, 39, 41, 42, 64.
Louis the Pious (Hludowicus, Ludouicus, Ludvicus), see Hlǫðver Karlamagnússon 5, 6, 12, 34, 35, 39, 42, 43, 64.
Louis III the Young (Hludowicus III iunior), see Hlǫðver hinn ungi Hlǫðversson, emperor 6, 43, 44.
Lumbarði (Lombardy) 10, 54.
Lúna 10, 54.
Maild, mother of Thomas à Becket 49.
Mainz 39, 44.
Malmundarium (Malmédy) 43.
Málsháttakvæði 75.
Matilda, abbess, daughter of Otto I 73.
Meginzuborg (Mogontiacum, Mogontia, Meginza, Mainz) 5, 6, 39, 43.
Merseburg 70.
Mezborg (Mettis, Metz) 5, 34.
Michael, emperor 5, 34, 35.
Mikligarðr (Constantinople) 5.
Mosa (Maas), river 6.
Moses, prophet 51, 89.
Móǫld digra 8, 48, 49, 89.
Myrkviðr, forest (Schwarzwald) 8, 9, 50–52.
Niceforus, emperor 5, 34, 35.
Nithard 34.
Nithardi historiarum libri iv 34, 42.
Norðhumruland, see Norðimbraland 55, 56.
Norðimbraland (Northumbria) 7, 8, 11, 48, 52, 55, 56, 62.
Norðmenn (Norwegians, Northmanni, Nordmanni) 6, 42–43, 45, 48, 50, 70.
Norðrlǫnd 10, 55, 22, 54, 71.
Nóregr (Norway, Nortmannia) 13, 14, 18, 23, 24, 47, 64–66, 77, 78.
Oddverja annáll 36.
Óðinkárr 47.
Óðinn 60, 87, 89, 90.

Óláfr enski Kinriksson 7, 8, 46–50, 59, 86, 88.
Óláfr, king in Sweden 7, 48.
Óláfr lítilláti 87.
Óláfr Tryggvason 15, 17, 19, 71–74, 84, 92.
Óláfs saga Tryggvasonar 48.
Óláfs saga Tryggvasonar by Gunnlaugr Leifsson 65, 71, 72.
Óláfs saga Tryggvasonar by Oddr Snorrason 61, 65–70.
Óli (Óláfr Tryggvason) 15–17.
ÓlO18 70, 77.
ÓlO310 70–74, 77.
Orkney 76.
Óttarr, jarl 18.
Ottó hinn mikli (Otto I the Great), emperor 7, 13, 46, 72, 73.
Ottó hinn rauði (Ótta, Otto II), emperor 13, 65, 66, 72.
Ottó hinn ungi (Otto III the Young), emperor 4, 13–15, 17, 64, 67, 70, 72, 92.
Pálnatóki 18, 19.
Pálnir Tókason 18.
Paris 6, 44.
Paschalis (Pascal I), pope 5, 39.
Paulus Diaconus Warnefridi 34.
Peitulǫnd (Poitou) 66.
Pippinus I (Pippín Hlǫðversson), son of Louis the Pious 6, 42.
Pippinus II (Pippin), son of Pippinus I 43.
Pippinus son of Angisius (Pippín Angísesson) 5, 34.
Pippinus, king of the Franks, son of Karolus (Pippín Karlsson) 5, 34.
Poland (Pólena) 60.
Poppó (Poppa), bishop 17, 68, 73, 74.
Prumia (Prüm) 43.
Ragnarr loðbrók 6–9, 54, 58, 59, 86, 88, 89.
Ragnars saga loðbrókar 53, 61, 85.
Ragnarssona þáttr 53, 58, 59, 62, 63, 85, 90.
Ragnarssynir, see Loðbrókarsynir 10, 54.
Randverr Ráðbarðsson 49, 87.

Reginbrondus, bishop in Århus 46.
Reginfridus (Ragnfrøðr) 37–39.
Regionis Chronica 44.
Reiðgotaland 10, 54, 55, 59, 60, 90.
Reinfridus, son of Godefridus 5, 38.
Rekstefja, poem by Hallar-Steinn 91.
Reric, market town in Friesland 35, 36.
Rerum Danicarum fragmenta 48.
Resen, P. H. 48.
Resens annáll 36.
Resensbók 35, 42, 48, 49, 64, 72, 87.
Rhenus (Rhineland) 42.
Rimbert (Rimbertus), archbishop 6, 41–43.
Rimbrondus, bishop, see Reginbrondus 7.
Rípar (Ribe, Ripa) 6, 7, 40, 45, 46.
Ripuaria 43.
Rín 6.
Rómaborg (Roma, Rome, Rúm) 7, 10, 42, 46, 48, 54.
Rómaríki 6.
Rómverjar 5.
Roskilde Chronicle 45.
Saga of Knútr hinn ríki 89.
Saga of the Danish kings 85.
Sancta Trinitas (Holy Trinity) 45, 46.
Sanctus Albanus (St. Alban's in Mainz) 39.
Saxar 11, 55.
Saxland (Saxonia, Saxony) 5, 7, 9, 10, 13, 14, 17, 34, 38, 39, 50–52, 54, 66, 67.
Saxo Grammaticus 62, 63.
Scandinavians 42.
Schleswig (Slésvík, Slesvig, Sleswic, Sliaswig), see Heiðabœr 41, 45, 46.
Sclavania, see Vinðland 70.
Sclavi, see Vinðr 70.
Scyld Scefing 51.
Scyldings (Skjǫldungar) 51.
Selundr (Sjælland) 10, 54, 59.
Sergius II, pope 42, 43.
Sigfrøðr (Sigifridus), nephew of Guðfrøðr 5, 37.
Sigfrøðr II, king of the Danes 6, 7, 41, 46, 86.
Sigfrøðr, viking leader 6, 44, 46.
Siggeirr (Sigtryggr, Sigerich), king in Jutland 7, 46, 47, 86.
Sigmundr Brestisson 30, 91.
Sigríðr stórráða 70.
Sigurðr hringr 7, 47–49, 86–89.
Sigurðr kápa Vésetason 18, 19, 78, 80.
Sigurðr ormr í auga 9, 10, 52, 54, 59, 86, 88, 89.
Sigvaldi jarl Strút-Haraldsson 18–22, 29, 66, 69, 70, 75, 76, 81, 92.
Silfraskalli, king in Jutland 11, 55, 60, 61.
Skáldskaparmál 59.
Skáni (Skáney, Skåne) 10, 18, 19, 54, 59.
Skarðaborg (Scarborough) 11, 56, 61.
Skarði víkingr 83.
Skjǫldr, son of Óðinn 87.
Skjǫldunga saga 87–88.
Skjǫldungs 87–89.
Skúmr, see Þorleifr skúma 81.
Slé, inlet (Slien, Schlei) 11, 15, 55.
Smith, A. H. 59.
Snorra Edda 59, 74.
Snorri Sturluson 61, 92.
Stabulaus (Stablo) 43.
Stefnir, jarl in Wales 18.
Stefnir Þorgilsson 70.
Storm, Gustav 37, 61.
Strút-Haraldr jarl 18, 19, 75.
Sueoni (Swedes) 47.
Sueonia (Sweden) 46.
Sveinn, father of Hardegon 47.
Sveinn tjúguskegg (Forkbeard) Haraldsson 18, 20–22, 66, 69, 70, 75, 85.
Sveinn Úlfsson, king of the Danes 46, 47.
Sven Aggeson 53.
Svíaveldi 7, 60.
Svíþjóð (Sweden) 7, 8, 10, 47, 54, 63.
Sǫgubrot af fornkonungum 47, 49.
Thegani vita Hludowici imperatoris 34, 35.
Thietmar, bishop 45, 70, 90.
Thomas à Becket 49.
Thómas saga 49.
Thompson, Stith 51.

Thrasco, lord of the Abodrita 35, 36.
Tófa Strút-Haraldsdóttir 18, 19.
Traiectum (Maastrict) 43.
Tryggvi Óláfsson, king in Víkin in Norway 17.
Ubbi (Eoppa) 7, 8, 48, 49.
Unni (Húni, Huno), archbishop 45.
Unnr Ívarsdóttir, see Auðr djúpúðga Ívarsdóttir 49.
Upplǫnd, in Norway 54.
Uppsalaríki 10, 54.
Urguþrjótr, jarl 14, 18, 65, 66.
Vagn Ákason 19, 24, 26, 31–33, 77–84.
Valdarr mildi Hróarsson 87.
Valland (France) 6, 54.
Valland (Wales?), 10.
Varmundr vitri 87.
Veraldar saga 34, 35, 64, 72.
Verdun 42.
Véseti of Borgundarhólmr 18, 19.
Vestr-Saxakonungr 7, 48.
Vigfús Víga-Glúmsson 29, 30, 81, 82.
Vík, Víkin (Oslofjord in Norway) 18, 54, 68, 77.
Vinðland (Wendland) 10, 11, 17–19, 54, 55, 59, 70.
Vinðr (Wends), see Sclavi 21, 70, 73, 75.
Visi Saxones, see West Saxons 48.
Vita Anskarii 39, 41.
Vurm (Gorm), see Gormr hinn gamli 45.
Vǫluspá 74.
West Franks 43.
West Saxons 47–49.
Widukind 45, 90.
Widukind's *Saxon Chronicle* 45, 47, 73, 90.
William of Malmesbury 58.
Wormatia (Worms) 42.
Ynglingatal 63.
York 61.
Yorkshire 61.
Þórgunna Vésetadóttir 19.
Þorkell hinn auðgi 29, 82.
Þorkell Gíslason 23, 76, 85.
Þorkell hinn háfi Strút-Haraldsson 18.
Þorkell miðlangr 81.
Þórketill (Þorkell leira) 32, 84.
Þorleifr skúma, see Skúmr 29, 30, 81, 82.
Þorsteinn miðlangr, see Þorkell miðlangr 29, 30, 81.
Þorvalds þáttr víðfǫrla 74.
Þræla-Knútr, see Knútr fundni 52, 53, 59, 88.
Þyri Danmarkarbót 2, 10, 12, 55, 57, 60–63.
Ǫgmundr the White 77, 78.
Ǫland 63.
Ǫnundarfjǫrðr 78.